QUAND LE MISTRAL *souffle l'air du temps*

Un quartier, le Mistral, toujours en ébullition, des jeunes qui se construisent sous nos yeux, des femmes et des hommes confrontés aux péripéties de la vie… À travers les aventures des Mistraliens, *Plus belle la vie* a à cœur de vous faire vibrer ou frissonner, de vous donner à réfléchir et de vous parler des sujets qui font aussi votre quotidien. Pionnière de bien des domaines, la série qui se renouvelle sans cesse se devait de se doter d'une revue qui soit le reflet de l'air du temps.

C'est fait ! Vous tenez entre vos mains le tout premier numéro, riche, élégant et plein de surprises. Nous vous offrons ainsi la possibilité de prolonger l'expérience *Plus belle la vie* et de vous imprégner au fil des pages de l'univers de votre série préférée.

Et pour que cette expérience soit unique, nous avons mis l'accent sur un contenu exclusif. Nous vous ouvrons ainsi les coulisses à la découverte des décors et des personnes qui en ont la charge, nous vous dévoilons dans notre grand dossier comment la série aborde des thèmes encore tabous dans notre société et libère la parole.

Mais cette revue se veut également ludique avec un quiz pour tester vos connaissances ou encore un jeu dans lequel vous et vos proches devez résoudre une enquête. Nous avons aussi voulu vous surprendre avec des photos originales ou vous permettre de vous évader avec une visite guidée de Marseille, écrin de la série.

Enfin, comme nous avons conçu cette revue en pensant à vous, nous y avons glissé des cadeaux : des fiches personnages à collectionner, un calendrier géant de 2019 ou encore de belles cartes de vœux à offrir…

Très bonne lecture !
L'équipe de *Plus belle la vie, la revue officielle*

Sandwiches
à toute heure

BAR du MISTRAL

SOMMAIRE

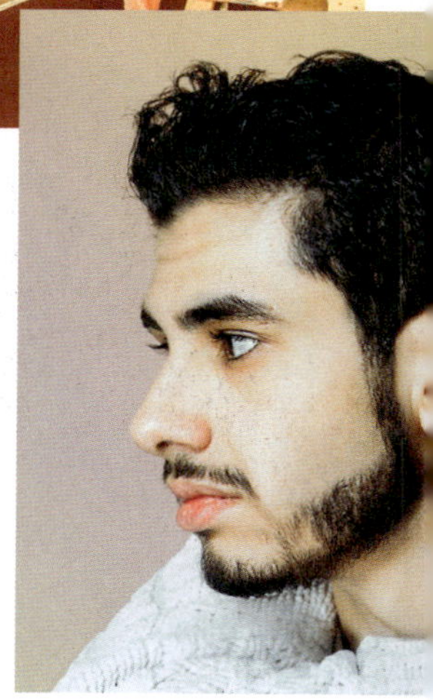

LES CADEAUX *PLUS BELLE LA VIE*

4 fiches à collectionner
(entre les pages 24 et 25)

4 cartes de vœux
(entre les pages 24 et 25)

Calendrier 2019 géant
(entre les pages 48 et 49)

Des cartes escape game
(entre les pages 72 et 73)

PANIER
21
JUIN
YOGA
DAY

ANNE DÉCIS

«Plus belle la vie est un immense terrain de jeu»

La comédienne se glisse depuis quatorze ans dans la peau de Luna Torres qui est devenue un des personnages incontournables du Mistral. Maman comblée, actrice épanouie, chef d'entreprise créative… Elle se dévoile avec sincérité.

Si on vous dit Plus belle la vie, quel mot vous vient spontanément à l'esprit ?

Oh mon Dieu ! (rires) J'ai mille choses qui me passent par la tête : les fous rires, les réalisateurs, la famille… C'est un peu tout ça à la fois ! C'est un petit miracle quotidien qui dure depuis toutes ces années. Pour un comédien, c'est aussi un immense terrain de jeu et d'expérimentation. Quand je regarde dans le rétro, j'ai vécu sur le plateau tellement de situations variées. C'est le pied !

Incarner le même personnage depuis quatorze ans, est-ce troublant ?

Je n'y songeais pas au départ. Quand je suis arrivée sur le plateau en 2004, je ne devais faire que six jours de tournage. Je ne m'étais jamais imaginée devenir un personnage récurrent. C'est une belle expérience. Mais j'ai aussi fait des pauses, en tout j'ai arrêté cinq ans pour me consacrer à mes

Anne Décis, Luna Torres ou les deux ?

Je suis une maman poule
Anne

Je suis fâchée avec les chiffres
Les deux

Je peux manger une tablette de chocolat entière devant un film
Anne

Les voyages sont une passion
Les deux

Je suis une maniaque du ménage
Aucune des deux

J'aime lire les auteurs classiques
Les deux

Je suis un cordon bleu
Anne

Je suis très indépendante
Les deux

J'adore les langues étrangères
Luna

J'ai gardé une âme d'enfant
Les deux

enfants et développer d'autres projets. À chaque fois, retrouver Luna a été une immense joie. Être comédien dans *Plus belle la vie* est plus qu'un travail, il règne un vrai esprit de famille. On s'éclate et je crois que le public ressent le plaisir qu'ont les acteurs à jouer dans cette série. Cette bonne ambiance est l'une des clés du succès.

Quel rapport avez-vous avec Luna ?

Elle est comme une sœur ! Luna a beaucoup de moi et de plus en plus. Les auteurs qui écrivent les intrigues s'imprègnent de nous et ce qu'on est dans la vie transpire à l'écran. Ma mère retrouve d'ailleurs mon tempérament dans Luna.

Que pensez-vous de son évolution ?

Luna ne pouvait vraiment pas rester une éternelle ado ! Ce n'était plus crédible et heureusement elle a mûri. Si elle est un peu moins fofolle, elle garde un caractère affirmé. J'aime sa franchise et le fait qu'elle ne soit jamais dans la posture. Quand elle épouse une cause, elle la défend. Ses actions sont à la hauteur de ses pensées, ce qui est assez rare dans la vie. Luna a aussi un côté trompe-la-mort et un immense courage. Si quelqu'un souffre, elle ne détourne pas les yeux. Je ne suis pas sûre d'avoir sa force !

Qu'est-ce qui vous agace chez Luna ?

Le fait qu'elle ait abandonné son enfant à sa mère pour partir en Argentine vivre sa passion me paraît complètement lunaire ! Je suis tellement proche de mes deux filles et complètement épanouie dans mon rôle de maman que j'ai du mal à comprendre le choix qu'elle a fait.

Parmi toutes les histoires que vous avez jouées, laquelle a été la plus forte émotionnellement ?

Ce n'est pas évident, Luna a vécu tellement de choses ! Mais c'est sans doute l'intrigue autour de la prostitution infantile qui a eu le plus de résonance en moi. C'était un thème très audacieux. C'est ce que j'aime dans la série : elle s'attaque à des sujets difficiles, prend des risques sans tomber dans la caricature ou être trop anxiogène. Le succès vient de là aussi. J'ai vraiment aimé travailler avec des enfants et comme j'ai une grande sensibilité, toutes les scènes n'ont pas été faciles à tourner. Le thème me touchait énormément. Je ne vais pas dans les squats pour sauver des mineurs comme Luna mais je suis très engagée pour la protection de l'enfance. Je suis marraine de Allo Parents Bébé (0 800 00 34 56), un service gratuit mis en place par Enfance et Partage qui est là pour écouter et aider les parents d'enfants de 0 à 3 ans et les futurs parents.

AVEC SACHA, LUNA VIT LE GRAND AMOUR

Qu'aimeriez-vous aborder comme sujet à travers votre personnage ?

Pourquoi pas la tentation de la chirurgie esthétique ? J'ai 43 ans et moi-même je vois bien que les effets du temps sont là, les rides s'installent. Les femmes de 40-50 ans, et tout particulièrement les comédiennes, se posent des questions face à leur jeunesse qui s'éclipse. Vieillir physiquement n'est pas toujours facile à accepter. Je me suis déjà interrogée sur le fait de faire des injections mais pour l'instant je ne franchis pas le cap.

Avec Plus belle la vie vous entrez dans la vie des gens. Comment gérez-vous cette notoriété ?

Nos personnages racontent le quotidien de gens comme tout le monde. Ils ont les mêmes préoccupations : faire les courses, aller chercher les enfants à l'école, préparer à manger. Cela crée une réelle proximité avec les fans, ils s'identifient à nous. Quand ils m'abordent dans la rue, ils n'ont pas de filtre et me tutoient spontanément. Il n'y a pas l'aura magique que peuvent avoir les acteurs de cinéma. L'impact est immédiat, la notoriété arrive plus vite. Si être connu est un besoin pour un comédien et qu'il s'expose volontairement, les gens seront toujours plus demandeurs. Pour ma part, j'ai une vie normale. Je prends le bus, je fais mes courses. Les gens sont plutôt bienveillants.

> « Nos personnages racontent le quotidien de gens comme tout le monde. Cela crée une réelle proximité avec les fans, ils s'identifient à nous. »

Et vos filles, comment vivent-elles le fait d'avoir une maman célèbre ?

Elles n'ont pas le même âge. La grande, qui a dix ans, comprend parfaitement et vit plutôt bien la situation. Pour sa sœur, qui a quatre ans, c'est encore un concept étrange et elle ne réalise pas complètement. Elle sait que mon métier consiste à jouer et que par exemple dans *Plus belle la vie* j'ai des amoureux pour de faux !

Vous avez toujours fait du théâtre depuis le début de votre carrière. Est-ce que, entre la scène et la fiction télé, votre cœur balance ?

Faire les deux contribue à mon équilibre. Ce sont des exercices différents qui me nourrissent tout autant. Mon plus grand bonheur est de travailler et de vivre de mon métier. Cela n'a pas toujours été facile, beaucoup de comédiens galèrent. J'ai vécu dans l'angoisse, connu le chômage et les petits boulots. Aujourd'hui, je fais de l'impro au théâtre, j'incarne Luna, j'ai tourné une série pour France 2 dans laquelle j'étais directrice d'école, j'ai créé une marque de bijoux... J'ai envie de dire : peu importe le support, pourvu qu'on ait l'ivresse !

Vous êtes une comédienne qui fait des créations joaillières ou une créatrice qui joue ?

Je me suis toujours sentie artiste, d'ailleurs j'ai toujours cousu ! En étant comédienne je fais de la création, aujourd'hui en imaginant des bijoux, je continue à en faire mais autrement. C'est extraordinaire à quarante ans passés de découvrir une nouvelle passion, de relever un défi. Et c'est merveilleux de le faire avec une amie. C'est avec Aurélie Vaneck, qui incarnait Ninon dans *Plus belle la vie*, que je me suis lancée dans cette aventure. Nous sommes à l'origine de la société Oma Bloom. Nous n'étions pas amies à l'époque où elle était dans la série, notre relation s'est construite sur le tard et aujourd'hui nous sommes un peu mariées !

À quoi rêvez-vous ?

Mon rêve absolu, en tant que comédienne, serait de tourner avec Agnès Jaoui et Patrice Leconte. J'adore leur travail...

INSOLITE

Ça alors !

Petits détails, informations inédites, chiffres surprenants… découvrez ces anecdotes qui font le sel de *Plus belle la vie.*

1,20€

C'est le prix d'un expresso au bar du Mistral.

Le quartier fictif du Mistral se trouve dans le 2ᵉ arrondissement de Marseille, comme le Panier dont il est inspiré.

Le Docteur Livia est le Mistralien qui a passé le plus de temps en prison.

Le lycée Scotto est à 15 minutes à pied de la place du Mistral.

Les habitants du Mistral se sont retrouvés une seule fois sous la neige : le 25 décembre 2005.

Les épisodes sont tournés cinq à six semaines avant leur diffusion.

Quand il était étudiant, Vincent Chaumette était fan de la chanson Ma gueule de Johnny Hallyday.

À l'hôtel Céleste, tenu par Luna, les draps sont changés tous les jeudis pour les clients à l'année.

L'institut Les belles du Mistral repeint a été inauguré le 13 mai 2011.

À quatre occasions, des scènes tournées n'ont pas été diffusées. Pour les élections présidentielles de 2007, 2012 et 2017 deux épisodes ont été mis en boîte, un pour chaque victoire. Et seul celui sur le président élu est passé à la télé. Pour la Coupe du monde 2018, Patrick Nebout aurait dû apparaître nu sur la place du Mistral si les Croates avaient gagné. La séquence, pas vue à la télé, du commandant en boxer a été mise sur le web !

Dans l'épisode 3537, Matéo, le chef du clan Liberati qui a fait d'Abdel son larbin, regarde dans sa cellule de la prison des Baumettes la série Plus belle la vie.

Pierre Martot (Léo Castelli) avait au départ passé une audition pour tenir le rôle de François Marci, qui a finalement été interprété par Thierry Ragueneau.

L'ENVERS des décors

Chaque jour, les studios de la Belle de mai accueillent le tournage de *Plus belle la vie*. Des professionnels de la décoration œuvrent sans relâche pour offrir aux Mistraliens un environnement qui correspond à leurs goûts, à leur milieu social. L'option réaliste, qui colle à la vraie vie, y est préférée au beau. Visite guidée dans les coulisses des décors, où le moindre détail compte, et découverte de métiers souvent dans l'ombre !

EN PERPÉTUEL MOUVEMENT

À la Belle de mai, *Plus belle la vie* jouit de 3000 m² de studios. Le plus grand et le plus mythique, le 1000, est consacré à la place du Mistral. Les décors du bar, du salon de beauté, du cabinet d'avocat ou le studio de Baptiste et Emma sont fixes, tout comme celui du commissariat qui compte 250 m². Le régisseur de plateau est chargé d'ouvrir ces lieux quand des scènes y sont tournées. « *Il va débâcher les meubles, remettre les accessoires de déco en place, remplir les corbeilles de fruits avec des produits frais ou encore s'assurer que les frigos sont fournis. Il faut que ces lieux soient à l'image des*

intérieurs des gens qui regardent la série, qu'il y ait de la vie ! », explique Sylvie Deldon, chef décoratrice sur *Plus belle la vie*. Si certains décors sont permanents et nécessitent une simple mise en place avant tournage, d'autres sont tournants et doivent être remontés. Ainsi les appartements de Jeanne et Vincent et des Nebout partagent un espace commun. Des ripeurs s'occupent de déplacer les grands panneaux de bois servant de murs, réaménagent l'espace avec les meubles et replacent les objets de déco. Pas question de le faire à la légère : tout est consigné, des photos sont aussi à disposition afin d'éviter les impairs et de se retrouver avec des accessoires ne correspondant pas à l'appartement ou des tableaux remis sur le mauvais mur !

UN ATELIER PERMANENT

Dans un immense bâtiment qui jouxte le plateau de la place du Mistral, une dizaine de personnes fourmille chaque jour. Nous sommes dans l'antre de l'atelier décors. Petite menuiserie, coin peinture, grand stock d'objets, entrepôt pour les panneaux de décor, poste de jardinage… le lieu est toujours en activité. *« C'est ici que les décors, tels les nouveaux appartements de moins de 60 m², les chambres des différents logements ou les meubles, sont fabriqués et les décorations des appartements revues, comme quand Blanche décide de refaire sa cuisine »*, confie Sylvie Deldon. Au delà même de la création, ces professionnels de la décoration s'attellent à recycler et à restaurer les anciens décors, comme le studio de la place du Mistral qui a connu bon nombre de locataires et dont l'ambiance change en fonction de leurs goûts. Les appartements sont délimités par des panneaux de bois, sorte de cloisons démontables, qui sont accessoirisés avec du papier peint, de la peinture, des moulures. L'entretien de ces décors est aussi important. Salissures, boiseries éraflées, peinture écaillée… des retouches sont nécessaires en permanence. La place du Mistral, elle, jouit d'un toilettage annuel pendant la seule semaine où le tournage s'arrête, à Noël.

LA CAVERNE D'ALI BABA

Dans l'atelier se trouve un endroit magique : la salle de stockage. Sur d'impressionnants linéaires sont entreposés des centaines d'objets. Abat-jour, vieux disques, jouets, verres à pied se côtoient donnant à l'endroit de faux airs de grand magasin dédié à la maison ou d'immense braderie. Ce trésor a été constitué au fil des quatorze années d'existence de la série. « *Nous allons piocher en permanence dans les étagères quand il faut un nouveau décor ou encore quand les personnages s'offrent des cadeaux. C'est une véritable mine d'or !* », s'enthousiasme Sylvie Deldon. Avec un tel stock, les décorateurs et accessoiristes sont parés à toutes les éventualités des scénarios. Mirta part en voyage ? Sa valise est prête. Jeanne s'offre une journée shopping ? Les sacs de ses boutiques préférées (fausses enseignes imaginées dans l'atelier) sont à disposition. « *Nous achetons peu de choses et le maître mot est la réutilisation*, prévient la décoratrice. *La majorité des objets provient de la récupération, du recyclage. Nous fouinons souvent aux puces et chez Emmaüs.* » Dans une petite pièce à part, un mur de casiers interpelle : il s'agit de l'espace dédié aux personnages. Chacun a sa boîte à son nom où sont conservées leurs affaires personnelles. Stéphane Hénon y trouvera la carte de police de Boher, Marie Réache le badge de l'hôpital de Babeth…

IMAGINER, RÉINVENTER…

Un des plus gros travail des personnes dédiées aux décors est de recréer les objets et accessoires. Un sacré défi d'inventivité qui peut être lié à des questions d'hygiène et de commodité – impossible d'avoir des cornets de glace sur un plateau de tournage sans qu'elles ne fondent et coulent à foison – mais aussi à des obligations légales. *« Nous avons bien sûr le souci du détail pour que les décors paraissent les plus vrais possibles, mais pas que… Le cahier des charges très précis du CSA (Conseil supérieur de l'audiovisuel) nous oblige notamment à cacher les marques pour ne pas faire de publicité dissimulée »*, explique Sylvie Deldon. Cela implique de masquer ou de détourner les enseignes, slogans ou encore logos. Ainsi quand les Mistraliens se délectent d'une canette de jus d'orange, l'étiquette visible à l'écran a été revue et fabriquée dans l'atelier. Et il en est de

même avec les couvertures de livres, les applications que les personnages consultent sur leurs smartphones, etc. « *Jamais vous ne verrez des visuels de tableaux, à moins que l'artiste donne son accord pour la reprise de son œuvre. Tout est imaginé sur place,* ajoute la décoratrice. *Seul le portrait du président en exercice est vrai et aux bonnes dimensions !* » Au fil des années, le poste infographie n'a cessé de grossir afin de prêter main-forte aux décorateurs et imaginer avec eux tous ces accessoires. Il a aussi en charge la reproduction, via ordinateur, de toute sorte de papiers administratifs plus vrais que nature : ordonnances de médecins, passeports, billets de banque… C'est aussi valable pour les plaques d'immatriculation, les signalétiques de l'hôpital ou encore les plaques de rue.

À COLLECTIONNER

PLUS BELLE LA VIE

vous offre à chaque parution
4 fiches détachables
sur les personnages du Mistral

Dans ce numéro, découvrez
Nathan Leserman, Emma Rimez,
Blanche Marci et Vincent Chaumette.
Situation personnelle, caractère, plat préféré, centres d'intérêt…
D'un seul coup d'œil, vous saurez tout
sur ces grandes figures de la série.

NATHAN LESERMAN

EMMA RIMEZ

BLANCHE MARCI

VINCENT CHAUMETTE

EMMA RIMEZ

Née en 2000 à Nice

DOMICILE : Elle habite avec Baptiste sur la place du Mistral dans le studio autrefois occupé par Thomas ou encore Abdel.

PROFESSION : Le bac en poche avec mention assez bien, elle se lance dans la vie active et est embauchée dans l'entreprise GTS.

SITUATION PERSONNELLE : En couple avec Baptiste Marci-Riva, elle est la maman de Mathis, né en septembre 2017. Quand sa mère Alice quitte Marseille et se sépare de Franck Ruiz, Emma décide de vivre chez lui au Mistral.

CARACTÈRE : Adolescente rebelle, elle est impulsive et très fragile. Plusieurs fois trahie, Emma n'accorde pas facilement sa confiance. Mais la maternité l'a transformée. Apaisée, elle est devenue une femme courageuse, responsable et plus sûre d'elle. Emma a aussi fait de sa grande sensibilité une force.

PROCHES : Sa relation avec Baptiste n'a pas toujours été simple. Malgré les péripéties, le couple reste soudé et leur amour sincère. Emma a un lien très fort avec Franck, qui est comme un père pour elle. Elle peut aussi compter sur sa bande de potes de Scotto (Thérèse, Kevin, Zoé et César) même si ses préoccupations sont différentes depuis l'arrivée de Mathis.

PASSION : Elle est fan de boxe thaïe.

PLAT PRÉFÉRÉ : La salade niçoise.

APPARITION DANS LA SÉRIE : 8 janvier 2015, épisode 2664.

INTERPRÉTÉE PAR : **PAULINE BRESSION**

PLUSBELLELAVIE
La revue officielle

NATHAN LESERMAN

Né le 26 avril 1991 à Bordeaux

DOMICILE : En colocation dans l'appartement dont le proviseur Rochat est propriétaire au quartier du Mistral.

PROFESSION : Professeur d'anglais au lycée Vincent-Scotto.

SITUATION PERSONNELLE : Il vit une belle histoire d'amour avec Aurélie, prof d'arts plastiques à Scotto et fille de la proviseur du lycée Ravel. Nathan est le fils de Guillaume Leserman et le cousin d'Estelle Cantorel (leurs mères sont sœurs jumelles).

CARACTÈRE : Il n'est pas facile à cerner. Un jour il est mal dans sa peau, le lendemain il a un aplomb extraordinaire. Mais son humour et sa facétie le rendent attachant. D'une imagination débordante et rusé, il pèche par naïveté, ne mesurant pas toujours la portée de ses actes. Mais quand un sujet ou une personne retient son intérêt, il est capable de persévérance.

PROCHES : Au fil des années, ses amis ont quitté le Mistral. Aujourd'hui, il entretient des rapports privilégiés avec Claude Rochat et ses collègues enseignants. Bien intégré à la coloc, il est surtout proche de Sabrina. Mais c'est Luna, qui fut sa belle-mère, qui reste pour lui sa complice et confidente.

PASSION : Scotché à sa console, il est un mordu de jeux vidéo et s'intéresse de près aux nouvelles technologies.

PLAT PRÉFÉRÉ : La pizza.

APPARITION DANS LA SÉRIE : 8 juin 2005, épisode 203.

INTERPRÉTÉ PAR : **THIBAUD VANECK**

PLUSBELLELAVIE
La revue officielle

VINCENT CHAUMETTE

Né le 20 juin 1962 à Paris

DOMICILE : Il vit avec Jeanne Carmin à Marseille.

PROFESSION : Architecte de formation et homme d'affaires, il a ouvert un food truck avec Francesco Ibaldi. Depuis août 2018, il travaille pour l'entreprise GTS.

SITUATION PERSONNELLE : Vincent forme un couple solide et complémentaire avec Jeanne, la directrice de l'hôpital. Ses relations ont souvent été compliquées avec sa fille Ninon, mais elles ont fini par s'apaiser. En 2013, il devient un jeune grand-père avec la naissance de Martin.

CARACTÈRE : À son arrivée à Marseille, ce Parisien aisé était un homme sûr de lui. Très vite, sa soif de pouvoir l'a entraîné dans des affaires louches et les Mistraliens lui ont tourné le dos. Isolé, Vincent a ensuite amorcé sa rédemption. Il est désormais quelqu'un de droit et d'attentionné. Jeanne a pu, grâce à lui, surmonter la mort de sa fille Élise.

PROCHES : Après le départ de Guillaume Leserman, il a trouvé un nouvel allié en Francesco, alors que tout les opposait. Malgré leur histoire d'amour épique et ses magouilles, Céline Frémont lui fait toujours confiance.

PASSION : Il aime la gastronomie, l'architecture et l'art.

PLAT PRÉFÉRÉ : Le risotto aux cèpes.

APPARITION DANS LA SÉRIE : 30 août 2004, épisode 1.

INTERPRÉTÉ PAR : **SERGE DUPIRE**

PLUSBELLELAVIE
La revue officielle

BLANCHE MARCI

Née le 10 novembre 1966 à Marseille

DOMICILE : Elle loue un appartement passage du Roucas qui donne sur la place du Mistral.

PROFESSION : Professeur de français au lycée Vincent-Scotto.

SITUATION PERSONNELLE : Depuis la fin tragique de son mariage avec Nicolas Berger, qui s'est avéré être l'Enchanteur, elle est célibataire. Elle est divorcée de François Marci avec qui elle a eu deux enfants, Lucas et Johanna. Elle est aussi la maman de Noé, né en 2007 de sa relation avec Franck Ruiz.

CARACTÈRE : Femme de convictions, Blanche se bat pour ses idées. Malgré les épreuves qu'elle a traversées, elle est volontaire et mène de front sa carrière, son rôle de mère et sa vie de femme. L'éducation est primordiale pour elle, qui est parfois stricte avec ses élèves et son entourage. Mais elle a un petit côté midinette dans ses histoires sentimentales…

PROCHES : Elle a construit une solide amitié avec Coralie, même si parfois la tension monte entre elles. Blanche a aussi retissé des liens forts avec sa fille Johanna. Elle sait aussi que son ex beau-père Roland Marci sera toujours un soutien.

PASSION : Cultivée, Blanche est fan de littérature et d'art. Son goût pour l'écriture l'a conduite à rédiger trois romans.

PLAT PRÉFÉRÉ : L'osso buco.

APPARITION DANS LA SÉRIE : 30 août 2004, épisode 1.

INTERPRÉTÉE PAR : **CÉCILIA HORNUS**

PLUSBELLELAVIE
La revue officielle

BONNE
ANNÉE

BONNE
ANNÉE

meilleurs
voeux

meilleurs
voeux

PLUSBELLELAVIE
La revue officielle

PLUSBELLELAVIE
La revue officielle

PLUSBELLELAVIE
La revue officielle

PLUSBELLELAVIE

LES COMÉDIENS JONAS BEN AHMED ET ENOLA RIGHI ONT PORTÉ L'INTRIGUE SUR LA TRANSIDENTITÉ

UNE SÉRIE sans tabou

Particulièrement en phase avec la vie quotidienne des Français, *Plus belle la vie* n'a cessé de mettre en lumière les débats qui agitent la société et d'accompagner l'évolution des mentalités. Avec comme volonté de libérer la parole et favoriser la discussion.

«*Je sais que je ne pourrai pas devenir cette femme que vous attendez*», écrit Clara Bommel à son père. Une déclaration forte qui marque le début d'une intrigue autour de la transidentité en mars 2018 dans *Plus belle la vie*. En s'emparant du thème difficile de la dysphorie de genre, encore assez méconnu du grand public, la série frappe un grand coup. Née fille, Clara (Enola Righi) ne se reconnaît pas dans cette identité et se considère comme un garçon. Elle a un sentiment de mal-être, la sensation de ne pas être dans le bon corps. Elle demande alors à ses proches de l'aider à devenir celui qu'elle aurait toujours dû être : Antoine. «*C'est notre ADN, d'aborder sans jugement des sujets tabous*, affirme Christine Coutin, responsable éditoriale de *Plus belle la vie* à France 3. *Je suis fière de cette intrigue, on a vraiment fait bouger la France.*»

LE MARIAGE ENTRE GABRIEL ET THOMAS A ÉTÉ TOURNÉ À LA MARIE DU 5e SECTEUR DE MARSEILLE

Dans les médias, l'audace de la série est saluée : «*Plus belle la vie* s'attelle au tabou de la transidentité» *(Libération)*, «La série de France 3 *Plus belle la vie* aborde la question de la transidentité» *(Le Monde)*, «Dans *Plus belle la vie*, la transidentité abordée sans caricature» *(Le Temps*, quotidien suisse*)*. La production a même confié un rôle à un acteur transgenre, Jonas Ben Ahmed – son personnage Dimitri aide, à travers son association, Clara dans sa démarche. C'est une première en France, qui a permis au jeune comédien de témoigner sur son parcours personnel auprès de journalistes et d'expliquer ce qu'éprouvent les personnes qui ont un sentiment d'inéquation avec le sexe qui leur a été assigné à la naissance.

DE L'AUDACE DANS LES INTRIGUES

Depuis son lancement sur France 3 le 30 août 2004, *Plus belle la vie* a en effet fait siens les sujets qui animent la France. «*C'est une série qui représente notre société,* explique le comédien Laurent Kérusoré. *Certaines intrigues sont romancées, bien sûr, mais parfois, c'est peut-être plus vrai que le Journal de 20 heures car on parle des gens, de tous les gens et des thèmes qui les concernent.*» Et la fiction n'a eu de cesse de traiter de sujets rarement évoqués ailleurs, qui interpellent et provoquent le débat. Le vendredi 12 juillet 2013, Thomas Marci épouse Gabriel Riva. Une union comme une autre, sous les regards pleins d'amour de Roland et Mirta, Mélanie, Céline, Babeth ou Djawad. Ce qui aurait pu être une banale scène de cérémonie dans une série restera dans l'histoire de l'audiovisuel français comme un moment historique : le tout premier mariage célébré entre deux hommes. Deux mois seulement après la loi sur le mariage pour tous, promulguée le 17 mai 2013 ! *Plus belle la vie* a créé l'événement, accompagnant l'évolution de la société. «*Il était hors de question qu'on laisse faire quelqu'un*

EN 2005, LA FICTION MET EN SCÈNE LE PREMIER BAISER ENTRE DEUX HOMMES

d'autre ! C'était normal qu'on soit les premiers à montrer l'union de deux personnes du même sexe», se souvient l'interprète de Thomas.

> *Le but n'est pas de se résumer aux sujets de mœurs, même si ce sont ceux qui font le plus parler.*
> **SÉBASTIEN CHARBIT** producteur

UNE HISTOIRE D'ADN

En quinze saisons, *Plus belle la vie* a orchestré le premier baiser homosexuel de la télévision, a parlé du sida, de la drogue, du cancer, des sectes, de l'alcoolisme, de l'esclavage moderne, de la maladie d'Alzheimer, du viol, de l'avortement, de la xénophobie ou de la montée de l'extrême droite. Une liste impressionnante et audacieuse. Si la série fait ce que d'autres fictions n'osent pas encore, c'est parce que c'est dans sa nature, comme le rappelle Sébastien Charbit, producteur chez Telfrance Série : «Plus belle la vie *brise les tabous car c'est une fiction du service public, qui a vocation à parler de sujets traditionnellement moins abordés dans des séries de prime time.»* Grâce à sa forme, du feuilleton quotidien, elle développe des histoires au long cours. Une différence capitale avec une série de six ou huit épisodes. Cette récurrence lui permet de s'atteler à des sujets de fond, à travers ses héros. *«La chance de* Plus belle la vie *est d'avoir des personnages attachants, qui peuvent traverser différentes phases*, reprend le producteur. *La familiarité des téléspectateurs avec eux leur permet d'accepter des choses qu'on ne pardonnerait peut-être pas à un protagoniste dans une série qui revient qu'une fois par an.»* Autre avantage, son ancienneté. *«Cette force est souvent présentée comme une faiblesse. Mais en étant là depuis longtemps, on peut se permettre plus de choses que les autres. Cette longévité est un gage de modernité*, constate Sébastien Charbit. *Lancer une série représente un tel enjeu que les chaînes reviennent toujours aux classiques, les enlèvements, les meurtres, les disparitions… Nous en faisons aussi, mais nous avons la chance de pouvoir prendre des risques.»*

JONAS BEN AHMED, ACTEUR TRANSGENRE AU SERVICE DE LA TRANSIDENTITÉ

À travers les aventures des habitants du Mistral, c'est la société française et

les débats qui l'agitent qui sont évoqués chaque soir à 20h20. Devant un public multi-générationnel. *«C'est l'un des rares programmes de télévision à créer une « écoute conjointe » : plusieurs générations regardent en même temps, cela permet de faire du lien social»*, explique Sébastien Charbit. De quoi provoquer la discussion au sein des familles. *«La sphère locale n'est qu'un prétexte pour développer une dimension globale »*, note Céline Bryon-Portet dans son étude sur la dimension politique de *Plus belle la vie*. Selon cette sociologue, la série *«utilise le quartier comme une loupe grossissante afin d'explorer les thèmes capables de concerner l'ensemble des Français.»* Et, bien souvent, faire évoluer les mentalités.

> *Les auteurs s'inspirent de l'actualité et la devancent parfois. Ils développent des intrigues en pressentant que ces sujets vont être au cœur des informations.*
>
> **LAURENT KÉRUSORÉ**
> acteur

AU-DELÀ DES CLICHÉS

Depuis l'arrivée de Thomas Marci au Mistral au printemps 2005, *Plus belle la vie* met en scène de manière quotidienne un personnage homosexuel. Et a ainsi contribué à un changement

LES RIVA-MARCI, UNE FAMILLE COMME UNE AUTRE !

dans la perception de la société. *«C'est incontestablement* Plus belle la vie *qui, depuis 2004, est à l'origine d'une véritable révolution des mœurs télévisuelles en multipliant les personnages homosexuels, tant masculins que féminins, récurrents ou de passage le temps d'une intrigue,* assure Jean-Yves Le Naour dans son ouvrage *Plus belle la vie – La boîte à histoires* (éd. Puf). *La série a contribué à banaliser l'homosexualité et à casser les clichés en suivant le quotidien de couples stables, quotidien qui ne diffère pas de celui des couples hétérosexuels.»* Au Mistral, les Riva-Marci forment une famille à la vie somme toute assez banale et Thomas et Gabriel sont des parents comme les autres. Avec l'adoption encore, la production a fait le choix de l'originalité, choisissant de faire entrer dans la vie du couple deux adolescents plutôt qu'un bébé.

«Il y a une exigence depuis le début de ne pas caricaturer l'homosexualité, rappelle Laurent Kérusoré. *Thomas, c'est l'homme le plus fidèle du Mistral, on a fait les calculs !»* Une manière de faire taire de vieux poncifs. *«Souvent, les détracteurs de l'homosexualité pensent que ces personnes ont un homme dans chaque port,* précise l'acteur. *Nous voulions donc suivre une directive familiale.»* Si elles ont bien sûr été romanesques et parfois tragiques, fiction oblige, les histoires d'amour de Thomas Marci se sont toutes inscrites dans la durée : d'abord avec Nicolas, le policier, puis Florian, le juge assassiné, et enfin Gabriel, qu'il a épousé. *«Dans cette génération-là, Thomas et Gabriel forme le couple modèle, celui qui dure,* renchérit son partenaire à l'écran, Joakim Latzko. *Avec ces deux personnages, on va dans le sens du progressisme.»*

INTERPELLER LE PUBLIC

À travers ces héros sympathiques, dont le destin se déroule jour après jour, le public partage les problèmes qu'ils affrontent. *«Il y a quelque chose*

LES BOMMEL OU LES JOIES DE LA FAMILLE RECOMPOSÉE

LE VIOL CONJUGAL, UN SUJET ENCORE TABOU DANS NOTRE SOCIÉTÉ

de l'ordre de l'identification, rappelle Mélusine Laura Raynaud, l'une des scénaristes. *La fiction a un pouvoir cathartique. Même si les histoires à l'écran ne font pas forcément partie du quotidien de la personne qui regarde, cela peut lui arriver demain. À elle, ou alors à son enfant, ou à son neveu.»* Les acteurs reçoivent d'ailleurs régulièrement des témoignages de téléspectateurs, concernés eux aussi par les sujets évoqués dans la série. Avec l'histoire développée autour de Coralie Blain et les Bommel, France 3 parle aux nombreuses familles recomposées de son public. *«J'ai eu beaucoup de messages d'enfants, qui adoreraient avoir une belle-mère comme elle, ou de femmes qui souffrent parce que leurs beaux-enfants sont horribles avec elles»,* confirme Sara Mortensen, qui réalise quand elle prépare une nouvelle intrigue sociétale qu'il y a souvent une personne concernée dans son entourage.

> « Les parents d'un ami ont enfin véritablement accepté son homosexualité grâce au mariage de la série. Je trouve ça très beau. C'est la magie de Plus belle la vie ! »
>
> **SARA MORTENSEN**
> actrice

En 2016, c'est à un tout autre thème – peu traité en fiction – que la série s'est attaqué. La comédienne a contribué à sensibiliser le public, à travers Coralie, sur un sujet douloureux et encore trop passer sous silence : le viol conjugal. La prof de maths a été forcée par son compagnon, Mathieu, à avoir un rapport sexuel. Fin 2017, le gouvernement estimait à 220 000 le nombre annuel de victimes de viol, tentatives de viol et attouchements sexuels, parmi les personnes de 18 à 75 ans. Et selon cette étude, 30 % de ces actes étaient perpétrés par le conjoint ou l'ancien conjoint. *« Les femmes ont souvent peur d'en parler et de porter plainte,* rappelle Sara Mortensen. *Les affaires de ce genre sont souvent qualifiées d'agression sexuelle, ce qui est considéré comme un délit et jugé en correctionnel, et non comme un crime à la cour d'assises. »* Dans l'histoire, Coralie, d'abord réticente, finit par aller au commissariat mais Samia la prévient que sa

DES MINEURS EXPLOITÉS ET MALTRAITÉS, UNE HISTOIRE INSPIRÉE D'UN ARTICLE DE PRESSE

de *Plus belle la vie*, responsables des destins de ces personnages appréciés par des millions de fidèles.

démarche a peu de chance d'aboutir. « *L'intrigue s'est finie comme bien souvent dans ces cas : le mec s'en sort…* », commente la comédienne.

À chaque nouveau thème, la série réussit à montrer la diversité des points de vue, sans jamais offrir une vision univoque aux téléspectateurs. «*Notre place n'est pas de dire aux gens ce qu'ils doivent penser, mais de briser des tabous. C'est-à-dire de faire en sorte qu'ils parlent d'un sujet et en débattent entre eux,* rappelle le producteur Sébastien Charbit. *Nous ne sommes pas des politiciens, ni des donneurs de leçons, nous racontons des histoires qui posent des questions.*» Comment représenter la société française avec des histoires sans cesse renouvelées et qui dépeignent des opinions multiples ? Voilà la préoccupation constante des scénaristes

DES AUTEURS EN PRISE AVEC LEUR ÉPOQUE

Chaque semaine, les équipes imaginent, écrivent, discutent, débattent, reculent puis avancent, pour faire émerger les intrigues du feuilleton. «*On se nourrit de ce qu'on a lu ou vu, et de notre vécu,* explique la scénariste Mélusine Laura Raynaud. *Par exemple, pour l'histoire de Sacha et de Luna avec la bande d'enfants, tout est parti d'un article que j'avais lu il y a quelques années à propos d'un hôtel autour du périphérique parisien où ne vivaient que des mineurs sous la coupe de marchands de sommeil. On part de là, puis on voit comment on peut construire une histoire, avec du suspense et de la dramaturgie.*» Ces auteurs aux profils variés se nourrissent du monde qui les entoure, des anecdotes racontées par leurs

ET CHEZ NOS VOISINS ?

Si les feuilletons américains ont eux aussi évoqué très tôt l'avortement, le sida ou les couples mixtes à une époque où ces thèmes étaient tabous, *Plus belle la vie* ressemble plus aux soaps britanniques, pionniers en la matière. L'exemple le plus emblématique est celui de Hayley Cropper, apparu en 1998 dans *Coronation Street*, premier personnage transgenre dans un feuilleton anglais. Comme Telfrance Série, qui les observe avec attention, les productions de ces séries travaillent avec des associations.
En 2015, les British Soap Awards a décidé de récompenser les cinq fictions du genre, pour «leur couverture des sujets de société et leur impact sur les téléspectateurs». Cette année-là, *Coronation Street* évoquait la dépression, *EastEnders* le viol, *Emmerdale* et *Hollyoaks* le sida.

EN PASSANT LES CASTINGS, ENOLA RIGHI NE SAVAIT RIEN DE L'ÉVOLUTION DE SON PERSONNAGE

proches. *« Comme tout le monde, on voit passer des choses sur Facebook, à propos des violences faites aux femmes ou de la grossophobie par exemple,* ajoute la scénariste. *Parmi nous, certains ont fait des études d'histoire, d'autres maths sup'-maths spé, il y a même un ancien kiné. Vu qu'on est censé écrire sur des genres très divers, il faut qu'on ait vécu nous-mêmes des choses différentes. »*

Et si certains thèmes sont récurrents, il leur faut toujours trouver une idée nouvelle, un angle original qui n'ait pas encore été traité. Pour la transidentité, un sujet que France 3 cherchait à montrer depuis trois ans, la production a choisi un personnage d'adolescente. À travers elle, l'éventail des réactions des adultes a ensuite été exploré : de Coralie, la belle-mère, qui la soutient immédiatement, à Clément, le père qui refuse de briser l'image de la petite fille qu'il a élevée. À l'écriture de cette arche narrative, Mélusine Laura Raynaud, ancienne journaliste et fondatrice du groupe Hétéros solidaires : *« J'ai des amis au magazine* Têtu, *dans l'association Act Up, j'ai cette culture et la capacité à me renseigner sur le sujet. »* Autour de la table, les débats ont été riches en questionnement parmi les scénaristes pour imaginer au mieux comment Clara allait laisser sa place à Antoine à l'écran. Des discussions qui réveillent des sentiments très personnels chez les auteurs.

COMÉDIENNES ET FEMMES ENGAGÉES

« J'étais bien sûr très fière de porter l'intrigue sur le viol conjugal. Évidemment, cela m'a touchée car on ne parle pas assez des violences faites aux femmes, explique Sara Mortensen. *Moi qui suis à moitié norvégienne, cela m'horrifie de voir comment nous pouvons être traitées en France. »* L'actrice, qui pendant son cursus universitaire s'est spécialisée dans l'histoire de la femme, a récemment participé à une séance photo au profit de l'association pour le droit des femmes Aux Larmes Citoyennes. Habillée en Marianne, des comédiennes posent pour ce projet caritatif et parmi les partenaires de Sara Mortensen, des collègues de *Plus belle la vie* – Caroline Bourg (Elsa), Léa François (Barbara), Coline D'inca (Sybille), Dounia Coesens (Johanna) ou Vanessa Valence (Claire Mougin), – y ont aussi pris part.

«Cela dépend si on a des enfants ou pas, explique Mélusine Laura Raynaud. *Dans la salle, certains étaient concernés par le sujet. C'est toute la difficulté : il ne faut pas plaquer ses propres projections sur le personnage.»* Une chose est sûre cependant : Antoine ne redeviendra jamais Clara. Une audace saluée par la comédienne Sara Mortensen, qui interprète la belle-mère d'Antoine : *«J'avais peur de ça car je ne voulais pas trahir les transgenres qui se battent. Cela m'a fait plaisir qu'ils aillent jusqu'au bout. Je n'aurais pas défendu une intrigue pendant trois mois pour que ça finisse en faisant machine arrière. La série ose et traite de tous les sujets. C'est sa force.»*

> *Les intrigues comme la transidentité nous font grandir, en nous montrant la diversité des êtres humains.*
>
> **ENOLA RIGHI**
> actrice

UNE DIMENSION PÉDAGOGIQUE

L'équipe d'écriture de *Plus belle la vie,* qui fait parfois appel à des sociologues ou autres universitaires, se nourrit aussi pour ses recherches des documentaires et des reportages réalisés par Capa, qui appartient à la même société de production. Et pour plus de réalisme, depuis l'arche du viol conjugal pour laquelle les scénaristes ont travaillé avec le Collectif féministe contre le viol et sa présidente le Dr Emmanuelle Piet, la production collabore régulièrement, grâce à l'aide de la société Impact Media/INCO, avec des associations. Une pratique très développée en Grande-Bretagne. *«Ce serait égocentrique de notre part de penser qu'on connaît tout, alors qu'il y a des gens qui s'engagent au quotidien pour ces causes,* relève Sébastien Charbit. *C'est une manière pour nous de trouver un angle différent et d'éviter les erreurs, en ayant un contact réel avec la société civile.»* Pour évoquer la maladie de Jocelyn Cendré, *Plus belle la vie* a ainsi contacté France Alzheimer. Les symptômes, le déni, le désarroi des proches, l'évolution des troubles, la prise en charge… À travers l'histoire du père de Babeth la fiction a traité le sujet dans sa globalité. Selon une étude réalisée par

ALZHEIMER, UNE MALADIE DIFFICILE À ACCEPTER POUR JOCELYN

L'INTRIGUE AUTOUR D'ALZHEIMER A EU UN FORT IMPACT SUR LE PUBLIC

l'association après la diffusion de cette intrigue, la série *«permet de faire progresser le nombre de personnes au courant de la maladie»* et *«agit sur l'envie de s'engager, de se mobiliser et la capacité à venir en aide»*. Pour Véronique Linarès, directrice de communication de France Alzheimer, la démarche de Telfrance Série est honnête et positive : *«Les familles ont apprécié que la série mette la maladie en lumière. C'est intéressant et troublant de voir le pouvoir qu'une fiction peut avoir.»*

Et les liens se poursuivent parfois bien au-delà de l'écriture. Depuis cette mise en contact, Jean-Marie Galey, le comédien qui incarne Jocelyn, se rend très souvent à la rencontre de malades d'Alzheimer et fait du théâtre avec eux. Pour les comédiens, ces intrigues sociétales sont une richesse. *«C'est beau de se dire qu'on n'est pas entièrement dans le divertissement et qu'il y a une vocation pédagogique, de sensibilisation»*, apprécie Joakim Latzko. Même si, défendre des sujets parfois encore tabous n'est pas toujours chose aisée. L'acteur Laurent Kérusoré en a fait les frais. *«Cela a parfois été violent, particulièrement pendant le mois où l'on attendait la loi du mariage pour tous. Cela dit, je n'ai jamais considéré qu'incarner ce thème soit une prise de risque,* se souvient-il. *En plus, les choses ont changé. Il y a des parents qui nous remercient, des enfants qui ont osé briser le silence grâce au couple formé par Thomas et Gabriel.»*

QUAND *PLUS BELLE LA VIE* BOULEVERSE LA VIE D'UNE FAMILLE

Une série peut avoir un vrai impact sur ses téléspectateurs, comme le prouve le récit de Fleur, fille d'une fidèle de *Plus belle la vie*. Après avoir suivi l'histoire de Clara Bommel à la télévision, sa mère s'est interrogée et lui a téléphoné pour savoir si elle vivait les mêmes questionnements que le personnage. Grâce à cette intrigue, un dialogue s'est ouvert et Fleur a enfin pu se confier librement : *«Ma mère est désormais au courant. Ce sont des choses que je ne savais pas exprimer, je ne trouvais pas des mots simples et justes pour lui dire. J'ai envie maintenant d'en discuter avec mon entourage. En dehors des gens qui ont Twitter - sur lequel j'ai écrit -, mes proches ne le savent pas et cela me donne envie de leur en parler, quitte à leur montrer aussi l'épisode ou d'autres films et séries qui peuvent traiter du sujet. »* Selon elle, avec *Plus belle la vie*, les gens ont pu prendre conscience de cette réalité et mieux comprendre la dysphorie de genre.

DES SUJETS À JAMAIS PROSCRITS ?

Jusqu'où *Plus belle la vie* peut-elle encore aller ? Y a-t-il des domaines encore inexplorés ? Certains thèmes sont-ils encore trop difficiles à évoquer sur France 3 à cette heure de grande écoute ? «*Le terrorisme, clairement,* répond le producteur. Plus belle la vie *a vocation à créer du lien. Faire cela, sans dénaturer le sujet, c'est difficile. L'idée n'est pas de mettre de l'huile sur le feu.*» Pourtant, la série a encore en réserve de nombreux sujets de société, qui trouveront peu à peu leur chemin jusqu'à nos écrans. En premier lieu, celui de la PMA (procréation médicalement assistée), déjà inscrite dans le calendrier législatif français. À charge pour les scénaristes de trouver le personnage qui sera le plus propice pour incarner cette intrigue. En attendant, la place des femmes, la protection de l'environnement, l'acceptation de soi et les relations en entreprise sont évoquées, mais aussi le handicap ou l'accès des lycéennes aux filières scientifiques. Autant de sujets qui, en filigrane, peuvent faire évoluer les mentalités ou éveiller les consciences. Si, comme le rappelle Sébastien Charbit, «Plus belle la vie *ne doit pas se prendre pour Simone Veil*», la série contribue, à son échelle, à accompagner les changements de la société française.

Avec le couple de Thomas et Gabriel, on va dans le sens du progressisme. Je suis heureux de défendre cette modernité.

JOAKIM LATZKO
acteur

VINCENT SCOTTO
La gloire modeste

Le lycée de *Plus belle la vie* porte son nom. Et pourtant, ce Marseillais qui a composé certains des airs les plus connus de la chanson française n'est jamais passé à la postérité.

« J*'ai deux amours, mon pays et Paris…* » Si Joséphine Baker et son interprétation restent dans les mémoires, le compositeur de ce tube, lui, est un peu tombé dans l'oubli. Avec plus de 4 000 titres, cet artiste, né en 1874, a pourtant été l'un des plus prolifiques en France.

La Java bleue, Sous les ponts de Paris, Prosper (Yop la boum), Elle vendait des petits gâteaux… Autant de titres qui ont marqué la musique française des années 1930. Les airs de Vincent Scotto, mis en mots par d'autres, sont chantés par les plus grands, dont Maurice Chevalier, Tino Rossi, Félix Mayol ou la future star Édith Piaf. *« Avec sa guitare à 12 cordes, il commençait à imaginer une mélodie en quelques minutes à peine,* explique Roger Vignaud, auteur de *Vincent Scotto, l'homme aux quatre mille chansons* (éd. Autres Temps). *Ce qui caractérise sa musique, ce sont des airs entêtants, des musiques chantantes, qui évoquent la Méditerranée et ses origines napolitaines. »*

Fort du succès de *La Petite Tonkinoise,* Vincent Scotto débarque à Paris en 1906, avec sa *« compagne »*, son *« inspiratrice »*, sa guitare. *« Malgré ma pauvreté, 1906 fut pour moi une année de rêve »*, assure-t-il dans son livre. Plein de fougue, il est émerveillé par la capitale : *« Gaies ou mélancoliques, mes chansons ont été le tribut de ma tremblante admiration. »* Outre ses célèbres mélodies, l'artiste s'illustre dans un autre genre, celui des opérettes marseillaises, des pièces mettant le soleil provençal à l'honneur. Prolixe, il se diversifie aussi : *« Après la Libération, les opérettes prennent une orientation plus espagnole et il change de registre avec* Les Violettes impériales *ou* Les Amants de Venise, reprend Roger Vignaud. *Ces pièces ont tenu l'affiche deux ans chacune au théâtre Mogador à Paris. »*

Vincent Scotto passe aussi par le cinéma, signant plus de 200 bandes originales de films, en particulier ceux de Marcel Pagnol : *Fanny, César, Angèle* ou encore *La Fille du puisatier* et *La Femme du boulanger. « À cette époque, tout le music-hall marseillais se trouve à Paris, où les cabarets sont tenus par des… Marseillais »*, précise Roger Vignaud. Le compositeur et l'écrivain nouent une amitié solide, qui durera jusqu'à la mort du premier en 1952. Entre les deux, un respect et une confiance réciproques. *« Marcel Pagnol, l'homme au monde que j'aime le mieux et que j'admire le plus »*, écrit Vincent Scotto. En 1934, Marcel Pagnol lui demande de jouer le rôle principal de son film *Jofroi*. Sur le tournage, le compositeur devenu acteur fait tourner le cinéaste en bourrique. Pourtant, ce dernier lui aurait proposé d'autres rôles s'il ne les avait pas tous refusés, lui qui aimait *« tellement la musique »*.

Sans doute trop associé à l'image un peu vieillotte des opérettes marseillaises, le nom de Vincent Scotto n'a pas été retenu par les livres d'histoire. Marcel Pagnol l'avait prédit : *« Ce que tu crées, Vincent, est si simple et si près du cœur qu'on ne demande jamais de qui c'est, comme pour les chansons populaires du bon vieux temps. Ton nom ne restera peut-être pas, tu ne t'en es pas assez occupé. »* Sa ville natale, elle, ne l'oublie pas, ni la série *Plus belle la vie* qui a choisi son nom pour baptiser le lycée où vont les jeunes du Mistral. Et près du Vieux-Port, des millions de gens passent chaque année devant son buste en bronze.

BABETH NEBOUT

(Ré)animatrice de choc

Un tempérament de feu, une langue qu'elle ne garde pas dans sa poche… L'infirmière est aussi une femme solide, sur qui son entourage peut compter.

Son ex

JEAN-FRANÇOIS, LE GROS NOUNOURS

Malgré leur divorce, Babeth et son ex-mari Jean-François ont su garder d'excellentes relations. C'est d'ailleurs grâce à lui qu'elle a trouvé un poste d'infirmière à l'hôpital. S'il aurait bien voulu la reconquérir au moment de son installation à Marseille, ils ont tissé des liens sains et solides, basés sur l'amitié et la confiance. Jean-François est même devenu ami avec Patrick, c'est dire !

Ses enfants

UNE TRIBU DISPERSÉE

Mère de trois grands enfants, maman poule et cool à la fois, Babeth trouve aujourd'hui son nid un peu vide. L'une des jumelles nées de son premier mariage, Émilie, est partie vivre sa vie ailleurs, tout comme Valentin, le fils qu'elle a eu avec Patrick. À Marseille, il ne lui reste donc plus que Léa, revenue faire son internat de médecine dans la ville, à qui prodiguer ses sages conseils.

Ses parents

JOCELYN ET YOLANDE, LES BABAS COOL

Entre eux, les relations n'ont pas toujours été faciles. Et cela ne s'est pas arrangé quand elle les a vus débarquer dans sa vie en 2015. Expulsés des États-Unis et sans argent, ils arrivent à amadouer Patrick, qui leur propose de les héberger… Avant de le regretter amèrement. Consommation de drogue, petites magouilles à la limite de la légalité, pratique régulière du tantrisme et autres ébats dans le salon… Il faut beaucoup de patience pour cohabiter avec Jocelyn et Yolande. Mais après de nombreuses crises, les Nebout et les Cendré ont appris à s'apprivoiser, encore plus depuis la maladie de Jocelyn, qui souffre d'Alzheimer.

Ses copines

TRIO INFERNAL AVEC LUNA ET JEANNE

Rien ne prédestinait la patronne de l'hôtel Céleste et la directrice de l'hôpital à devenir amies avec Babeth. Un coup de pouce du destin – une grève des transports – a finalement donné naissance à ce trio prêt à faire les 400 coups. Il faut aider Jeanne à kidnapper Lola Malkavian, la fille de son compagnon, pour la protéger ? Aucun problème, Babeth répond présente avec Luna, quitte à risquer des ennuis avec la justice. Qu'est-ce qu'on ne ferait pas pour ses copines !

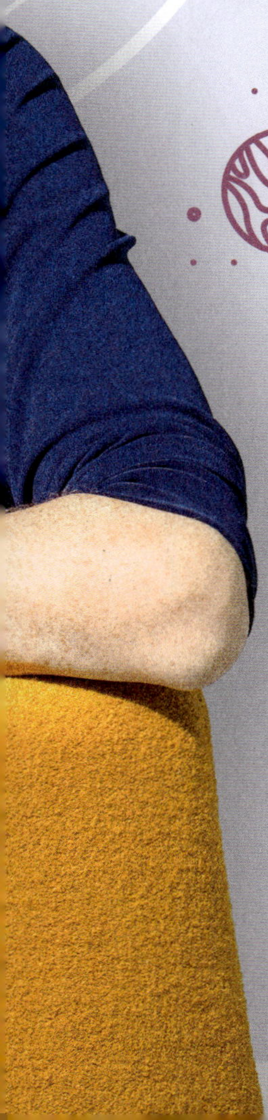

Son mari

PATRICK, LE ROC

Au travail, le commandant Nebout est respecté par ses hommes, mais à la maison il a rarement le dernier mot face à son épouse. Ces deux-là s'aiment et on pouvait penser que les épreuves traversées – l'amnésie de Babeth, l'incartade de Patrick avec la commissaire Olivieri ou la mise en scène de sa mort – auraient renforcé leur couple. Hélas, ils se retrouvent à nouveau dans la tourmente.

Ses collègues

STÉPHANE, BENOÎT ET GABRIEL, LES BONS POTES

Se serrer les coudes, garder le secret sur les combines des uns et des autres… À l'hôpital, Babeth est proche de ses collègues. Elle a surtout tissé des liens forts avec Stéphane et Benoît, qui ont dû quitter l'établissement. Quant à Riva, s'il prend son air supérieur avec elle, elle n'hésite pas à lui répondre avec des vannes bien senties. Si son ego en prend un coup, il finit toujours par se calmer.

Sandwiches
à toute heure
ÇA JAZZ
À
MARSEILLE

QUIZ

ÊTES-VOUS INCOLLABLE *sur les histoires d'amour du Mistral ?*

Dans le quartier, les petits cœurs s'emballent et les couples se font et se défont. Mais avez-vous bien suivi la vie sentimentale des habitants ?

1

Pour quelle raison Mélanie quitte-t-elle Benoît, pourtant l'homme avec qui elle a vécu le plus longtemps au Mistral ?

2

VRAI OU FAUX ?

Francesco était le beau-père de Barbara lorsque les deux Mistraliens ont cédé à leur désir.

3 QUI SUIS-JE ?

Amant de Mirta, je suis un politicien véreux et démagogue qui affrontera Blanche lors des élections cantonales de 2006. Prêt à tout pour être élu, j'orchestre une série de meurtres au Mistral pour faire entendre mon discours sécuritaire.

4

Quel Mistralien Wendy et Coralie ont-elles partagé sans le savoir ?

5

VRAI OU FAUX ?

À son arrivée au Mistral, Abdel flashe sur Sybille Cassagne.

6 QUI SUIS-JE ?

Bien que décédée, je réapparais dans les visions de Guillaume, l'homme de ma vie, lorsqu'il est convaincu qu'il est condamné par un cancer incurable. Un destin tragique lui est alors promis, semblable à celui que j'ai connu deux ans avant lui.

7 VRAI OU FAUX ?

Alors qu'elle est enceinte de Jean-Paul, Armelle Demy subit une agression. Elle décide d'avorter et de quitter le Mistral.

8

Lors de quel événement Guillaume et Luna sortent-ils ensemble pour la première fois ?

9

Quel est le site de rencontres qui a permis à Nathan et au proviseur Rochat de trouver l'amour ?

10

De quel Mistralien Céline devient-elle sexuellement accro alors qu'elle est en couple avec Vincent ?

11 QUI SUIS-JE ?

Jolie Laotienne tombée amoureuse de Nathan, j'essaie de conquérir son cœur, en vain. Je reviens plus tard au Mistral et je suis mêlée au trafic de clandestins orchestré par Kamsky. Je m'en sors avec l'aide de Nathan, avec qui je vis une belle romance.

12 QUI SUIS-JE ?

Amoureux transi de Mélanie, je vois d'un mauvais œil son mariage avec Anthony et fais tout pour l'en dissuader. J'arrive à temps lorsque Anthony, une fois marié à Mélanie, tente de la supprimer pour récupérer son héritage. Quelques semaines plus tard, Mélanie tombe dans mes bras.

I ♥ you

RÉPONSES

1. Benoît trompe Mélanie avec Ève. Ève Tressere tombe amoureuse de Benoît qui, touché par sa détresse, l'embrasse. Mélanie ne lui pardonnera jamais cet écart !

2. Vrai. Francesco arrive au Mistral au bras de Caroline, la mère de Barbara, lorsque cette dernière tombe amoureuse du bel Italien.

3. Charles-Henri Picmal. Emprisonné, il s'évadera quelques années plus tard en semant à nouveau la peur au Mistral. C'est Norbert, son compagnon d'évasion, qui le supprimera.

4. Guillaume Leserman. Leur aventure simultanée avec le Dr Leserman finit par sceller l'amitié entre Coralie et Wendy.

5. Faux. C'est Sybille qui a un coup de cœur pour lui, et Barbara joue les entremetteuses… jusqu'à ce qu'Abdel lui avoue que c'est elle dont il est tombé amoureux.

6. Adriana Paoletti. Elle disparaîtra des visions de Guillaume lorsqu'il réalisera qu'il a été victime d'un échange de dossier médical et qu'il n'est pas malade.

7. Faux. Armelle quitte le Mistral, mais sans avoir avorté ! Elle mettra au monde cet enfant, qui décédera deux ans plus tard.

8. La fête des voisins. Ne pouvant résister à leur attirance réciproque, Guillaume et Luna franchissent le pas.

9. Le site s'appelle « Amours vraies ». Ce sont les habitants de la coloc qui ont eu l'idée d'inscrire le proviseur Rochat.

10. Louis Barrel. Les deux amants se donnaient des rendez-vous amoureux dans des endroits insolites.

11. Daravanh Kelhmany. Elle préfère quitter Marseille pour Toulouse, où elle trouve refuge auprès d'une association sans emmener Nathan avec elle !

12. Malik Nassri. Avec Mélanie, il vit l'une des belles histoires d'amour du Mistral !

CORALIE

Look chic et branché

De bons basiques, des coupes féminines, une touche d'originalité… Le style de la belle prof de maths est irréprochable. Envie de l'adopter ? Suivez notre shopping.

Accessoire indispensable de la saison, il donne une classe folle.

CHAPEAU MACFLEMISH, HERMAN HEADWEAR, 74,90 €. WWW.HERMAN-HEADWEAR.COM

Une forme qui revient en force et un colori camel qui se marie facilement avec les autres tons de l'hiver.

SAC SEAU JORGE SABANA, SESSÙN, 205 €. WWW.SESSUN.COM

Une teinte audacieuse, une hauteur de talon parfaite, un aspect velours tendance... Elles ont tout pour elles !

BOTTINES DICATI ROUILLE, SAN MARINA, 119 €. WWW.SANMARINA.FR

Succombez aux motifs végétaux qui apportent un peu de gaieté à nos tenues basiques.

PULL COL ROND IMPRIMÉ, MONOPRIX, 49,99 €. WWW.MONOPRIX.FR

Pour marquer la taille, une ceinture élégante et facile à combiner.

CEINTURE HONEY RIDER – ROUX, SESSÙN, 45 €. WWW.SESSUN.COM

Le jaune moutarde a le vent en poupe. C'est le moment de craquer pour ce gros pull douillet.

PULL TORSADA, ETAM, 54,99 €. WWW.ETAM.COM

Délicatesse assurée avec ces dormeuses en or et leur goutte noire Swarovski.

BOUCLES D'OREILLES POLINA, OMA BLOOM, 42 €. WWW.OMABLOOM.FR

Dentelles raffinées et jeu de matières pour être au sommet du romantisme.

TOP OJORJI, MORGAN & GEORGIA MAY JAGGER, 65 €. WWW.MORGANDETOI.FR

Jamais sans mon jean ! En toute occasion, il fera sensation avec ses fleurs en strass brodées.

JEAN TUBE, HELLINE, 89,99 €. WWW.HELLINE.FR

Une valeur sûre pour réchauffer les plus frileuses et apporter du peps à son dressing.

FOULARD GRANDS CARREAUX, BIZZBEE, 15,99 €. WWW.BIZZBEE.COM

Idéal pour faire face au froid de l'hiver, tout en étant à la pointe de la mode avec l'imprimé carreaux et le col en fausse fourrure.

MANTEAU EN LAINE, BENETTON, 219 €. WWW.BENETTON.FR

SOUS LA DECHARGE
...LA PLAGE!
7

REGARDEZ, VIBREZ, PARTAGEZ
EXCLUSIF:
LE GUIDE DU REPLAY ET LES NOUVEAUTÉS NETFLIX,...
Programmes du 8 au 14 septembre
N°1697
Télé Loisirs
REGARDEZ • VIBREZ • PARTAGEZ
+ DE LOISIRS
CINÉMA Le destin brisé de Whitney Houston
CUISINE Coquillages et crustacés au menu
FOIRE AUX VINS Une rasade de bonnes affaires
LOTO DU PATRIMOINE
Comment ça marche ? p. 15
ANIMAUX
5 idées reçues sur les chats ! p. 32
NOUVEAU
Valérie Karsenti
La Faute (M6)
Muriel Robin
Cécile Bois
Tu vivras ma fille (TF1)
Julie de Bona
Femmes d'exception, destins hors norme, histoires poignantes...
NOUVELLES FICTIONS
Ces héroïnes vont vous bouleverser ! p. 12
DES PAGES LOISIRS POUR VOUS INSPIRER !
Télé Loisirs
Connecté à vos envies

On s'éveille, aux rayons du soleil
On espère, on se croise, on se perd
On est différent, c'est pas important
On est d'un seul sang
Il suffit seulement d'aimer...

On n'est vraiment rien sans elle
Qu'on soit noir ou blanc
Si on tend la main pour elle
La vie est plus belle

Sous nos pieds, une seule Terre à semer
Dans les airs, un seul ciel à rêver
On pleure tous un jour
Chacun à son tour, de faim et d'amour
Il suffit seulement d'aimer...

Plus belle la vie
Chanson interprétée par Eva Suissa
puis par Jessica Flores
(Yvan Coriat/Carolin Petit/MAM's/Maïdi Roth)

2019

Plus belle l'année !

PLUSBELLELAVIE

La revue officielle

2019

Plus belle l'année !

PLUSBELLELAVIE

La revue officielle

novembre

LUNDI	MARDI	MERCREDI	JEUDI	VENDREDI	SAMEDI	DIMANCHE
				01	12	03
04	05	06	07	08	09	10 *anniversaire de Blanche*
11	12	13	14	15	16	17
18	19	20	21	22	23	24
25	26	27	28	29	30	

décembre

LUNDI	MARDI	MERCREDI	JEUDI	VENDREDI	SAMEDI	DIMANCHE
						01
02	03	04	05	06	07	08
09 *anniversaire de Charles Frémont*	10	11	12	13	14	15
16	17	18	19	20	21	22
23	24	25	26	27	28	29
30	31					

janvier

LUNDI	MARDI	MERCREDI	JEUDI	VENDREDI	SAMEDI	DIMANCHE
	01	02	03	04	05	06
07	08	09	10 anniversaire de Lucie Boher	11	12	13
14	15	16	17	18	19	20
21	22	23	24	25	26	27
28	29	30 anniversaire de Baptiste	31			

février

LUNDI	MARDI	MERCREDI	JEUDI	VENDREDI	SAMEDI	DIMANCHE
				01	02	03
04	05	06	07	08	09	10
11	12	13 anniversaire de Roland	14	15	16 anniversaire d'Abdel	17
18	19	20	21	22	23	24
25	26	27	28			

mars

LUNDI	MARDI	MERCREDI	JEUDI	VENDREDI	SAMEDI	DIMANCHE
				01	02	03
04	05	06	07	08	09	10
11	12	13	14	15	16	17
18 *anniversaire de Léo*	19	20	21	22	23	24
25	26	27	28	29	30	31

avril

LUNDI	MARDI	MERCREDI	JEUDI	VENDREDI	SAMEDI	DIMANCHE
01 *anniversaire de Jean-Paul*	02	03	04	05	06	07
08	09	10	11	12	13	14 *anniversaire de Barbara*
15	16	17	18	19	20	21
22	23	24	25	26	27	28
29	30					

VACANCES SCOLAIRES

ZONE A ZONE B ZONE C

Septembre

LUNDI	MARDI	MERCREDI	JEUDI	VENDREDI	SAMEDI	DIMANCHE
						01
02	03	04	05	06	07	08
09	10	11	12	13	14	15
16	17	18	19	20	21	22
23	24 *anniversaire de Luna*	25 *anniversaire de Babeth*	26	27 *anniversaire de Céline et de Patrick*	28	29
30						

Octobre

LUNDI	MARDI	MERCREDI	JEUDI	VENDREDI	SAMEDI	DIMANCHE
	01	02	03	04	05	06 *anniversaire de Samia*
07	08	09	10	11	12	13
14	15	16	17	18	19	20
21	22	23	24	25	26	27
28	29	30	31			

VACANCES SCOLAIRES

ZONE A ZONE B ZONE C

juillet

LUNDI	MARDI	MERCREDI	JEUDI	VENDREDI	SAMEDI	DIMANCHE
01	02	03	04	05	06	07
08 *anniversaire de Franck*	09	10	11	12	13	14
15	16	17	18	19	20	21
22	23	24	25	26	27	28
29	30	31				

août

LUNDI	MARDI	MERCREDI	JEUDI	VENDREDI	SAMEDI	DIMANCHE
			01	02	03	04
05	06	07	08	09	10	11
12	13	14	15	16	17	18
19	20	21 *anniversaire de Thomas*	22	23	24	25
26	27	28 *anniversaire de Mirta*	29	30	31	

mai

LUNDI	MARDI	MERCREDI	JEUDI	VENDREDI	SAMEDI	DIMANCHE
		01	02	03	04	05
06	07	08	09	10	11	12
13	14	15 anniversaire de Francesco	16	17	18	19
20	21	22	23	24	25	26
27	28	29	30	31		

juin

LUNDI	MARDI	MERCREDI	JEUDI	VENDREDI	SAMEDI	DIMANCHE
					01 anniversaire de Johanna	02
03	04	05	06	07	08	09
10	11	12	13	14	15	16
17	18	19	20 anniversaire de Vincent	21	22	23
24	25	26	27	28 anniversaire d'Antoine	29	30

PARIS – LYON – MEDITERRANEE
Julien Lacaze
LE LITTORAL MÉDITERRANÉEN
DE MARSEILLE A MENTON
par les Auto-Cars P.L.M.

MARSEILLE *Ville radieuse*

Envie d'une escapade dans la cité phocéenne ? Pour ne rien rater des lieux emblématiques, découvrez notre sélection en partenariat avec GEOGUIDE.

En quelques années, la deuxième ville de France s'est métamorphosée sans perdre son charme d'antan et en offrant une belle osmose entre vieilles pierres, bâtiments futuristes et ouverture sur la Grande bleue. Sous l'impulsion née de sa nomination en 2013 comme capitale européenne de la Culture, Marseille s'est refait une jeunesse et a révélé de nouveaux atours : la transformation du Vieux-Port, un nouveau pôle muséal en front de mer, dont le Mucem, un quartier d'affaires, Euroméditerranée, en train d'émerger derrière le port de commerce… La ville aux 111 villages n'a jamais été aussi attractive !

LE VIEUX-PORT

Dominé par Notre-Dame-de-la-Garde et le fort Saint-Jean, le Vieux-Port possède un charme incontestable. C'est aujourd'hui un port de plaisance très vivant avec ses nombreux restaurants, mais il a aussi conservé chaque matin son traditionnel marché aux poissons.

D'ici à 2020, un plan d'urbanisme prévoit une transformation de son espace. Depuis 2013, une piétonnisation partielle a été opérée, créant une belle esplanade où se trouve l'ombrière, un grand plafond miroir qui reflète les quais. À terme, les pêcheurs auront leur halle, et des espaces verts occuperont la pente descendant de Saint-Victor et des jardins du Pharo.

À l'entrée du Vieux-Port se dressent les silhouettes massives de deux dispositifs de défense : le fort Saint-Jean au nord et le fort Saint-Nicolas au sud. Le premier est l'œuvre des Hospitaliers de Saint-Jean-de-Jérusalem (XIIIe s.). De la tour (datant du XVe s.), on jouit d'un point de vue inédit sur le Vieux-Port, Notre-Dame-de-la-Garde et le fort Saint-Nicolas. L'édification des fortifications les plus récentes fut confiée par Louis XIV au chevalier de Clerville, ainsi que la construction du fort Saint-Nicolas.

Projet-phare de la métamorphose du front de mer, le Mucem – musée des Civilisations d'Europe et de Méditerranée – s'élève, aux côtés du fort Saint-Jean, auquel une passerelle de 130 m le relie. Rudy Ricciotti, célèbre architecte marseillais, a signé cette création contemporaine (inaugurée en 2013) très réussie, dont l'ambition est de faire rayonner toutes les cultures du monde méditerranéen. Les collections permanentes et les expositions temporaires racontent l'histoire des civilisations méditerranéennes.

LE BONUS PLUS BELLE LA VIE

- *Comme les amoureux du Mistral, offrez-vous un moment romantique à deux dans les jardins du Pharo au moment du coucher de soleil. La lumière est sublime et la vue imprenable sur le Vieux-Port.*
- *Pour prendre un bon bol d'air marin et profiter de la Méditerranée, rien de tel qu'une promenade sur l'esplanade du J4, qui sert de décor à de nombreuses scènes de la série. Ce lieu, qui jouxte le Mucem et se trouve au pied du fort Saint-Jean, est idéal entre deux visites culturelles.*

LA CANEBIÈRE

Percée au XVIIe siècle entre le Vieux-Port et l'église des Réformés, la Canebière doit son nom aux cordiers qui y tressaient le chanvre (canèbe en provençal). Symbole au XIXe siècle de la réussite économique de Marseille, elle se pare alors de théâtres, d'hôtels, de boutiques de luxe et d'élégantes terrasses de café…

Si le lustre d'antan a disparu, le souvenir d'un âge d'or demeure. En remontant, l'avenue à partir du Vieux-Port, remarquez les très belles façades des XVIIIe et XIXe siècles, avec leurs balcons supportés par des atlantes et des cariatides. En bas de la Canebière, s'impose la silhouette massive du palais de la Bourse. Cet édifice, inauguré en 1860 par Napoléon III, abrite la Chambre de commerce et d'industrie et le musée de la Marine et de l'Économie. Il jouxte le centre Bourse, un complexe commercial qui donne accès au musée d'Histoire de Marseille et au Port antique. Le tramway remonte une partie de cette artère mythique jusqu'au sublime palais Longchamp et son parc bucolique.

LE BONUS PLUS BELLE LA VIE

Besoin de vous mettre au vert ? Rendez-vous au parc Borély où se rendent les sportifs mistraliens pour faire leur jogging. Plan d'eau, aire de jeux, pistes de rollers… Cet espace de verdure est un lieu très prisé des familles de Marseille le dimanche.

À côté, se dresse la masse imposante de l'hôtel-Dieu, chef-d'œuvre de l'architecture hospitalière transformé en hôtel de luxe international. Il faut emprunter la montée des Accoules pour pénétrer dans le cœur même du Panier. Sur la droite, la rue des Moulins conduit à la place du même nom. Des quinze moulins qui coiffaient la butte au XVIe siècle, il n'en reste plus que deux, un situé dans l'impasse des Muettes et l'autre au n° 28 de la place. Plus haut, la rue du Panier et la rue du Petit-Puits, aux façades et aux intérieurs rénovés, sont désormais occupées par des artisans et des artistes. Au croisement des deux rues se tient la paisible place des Treize-Cantons. De là, on peut rejoindre la rue de l'Évêché et la cathédrale Sainte-Marie-Majeure (la Major pour les Marseillais), monument romano-byzantin en pierres vertes et blanches, œuvre de Henri-Jacques Espérandieu, célèbre architecte (Notre-Dame-de-la-Garde).

LE PANIER

Le quartier du Panier, qui fut occupé jusque dans les années 1960 par des générations de pêcheurs, de dockers, de commerçants et d'immigrés venus des quatre coins du monde, est demeuré fidèle à ses origines populaires. Longtemps négligé par la municipalité, il fait l'objet d'une politique de rénovation de son patrimoine immobilier. Mais, pas d'inquiétude, les façades colorées, les dédales d'escaliers et le linge qui sèche aux fenêtres sont toujours aussi charmants.

À l'entrée du quartier, remarquez le clocher à crochets (XVIIe s.) de l'église des Accoules. À ses pieds, une petite grotte a été aménagée en 1824 en hommage à Notre-Dame-du-Bon-Secours.

LE BONUS PLUS BELLE LA VIE

La terrasse pittoresque du bar des 13 coins vous rappelle quelque chose ? Pas étonnant ! Les décorateurs de Plus belle la vie se sont inspirés de ce lieu mythique du Panier pour créer la façade du bar du Mistral.

1

2

3

4

LA JOLIETTE

Séparé du Panier par la rue de la République, ce quartier, avec ses docks et ses entreprises, voit sa physionomie se métamorphoser. Au nord-ouest de la place de la Joliette, les docks sont constitués de cinq corps de bâtiments de six étages en pierre de taille, alignés sur le front de mer (photo 3). Réhabilités par l'architecte Éric Castaldi, ils représentent aujourd'hui le quartier d'affaires du Marseille chic et branché. Dans le cadre d'Euroméditerranée, le programme de réhabilitation du port, de nouveaux immeubles sortent de terre à proximité des docks. C'est le cas de la spectaculaire tour CMA CGM (2011) créée par l'architecte anglo-irakienne Zaha Hadid, qui abrite le siège de la compagnie maritime.

LE BONUS PLUS BELLE LA VIE

Les habitants du Mistral ont leurs habitudes. Quand les beaux jours arrivent, c'est à la plage du Prado qu'ils posent leur serviette. L'endroit est très fréquenté mais facilement accessible...

LA BASILIQUE NOTRE-DAME-DE-LA-GARDE

Perchée à quelque 160 m d'altitude, d'une longueur de plus de 52 m et d'une largeur de presque 17 m, la basilique veille sur la cité phocéenne (photo 1). De son promontoire, on peut voir l'ensemble de la ville, les îles du Frioul et, plus loin, vers l'intérieur, les collines du Garlaban. Construite au milieu du XIXe siècle (1853-1864), la «Bonne Mère» est surmontée d'une magnifique statue de la Vierge (elle mesure plus de 11 m de hauteur et pèse presque 10 t). Les mises en lumière ont été repensées, la crypte et une grande partie des mosaïques de la basilique ont été restaurées (photo 2). Le petit musée installé à l'entrée de la basilique retrace l'histoire de la «Bonne Mère» à travers de nombreuses vidéos et photos d'archives.

LA PLAINE ET LE COURS JULIEN

Si le quartier de la Plaine rassemble tout ce que Marseille a de branché, il n'en reste pas moins un des plus anciens de la ville. Derrière l'église des Réformés, on y monte par de jolies rues aux immeubles ocre et aux volets pastel. Sur la colline, la vaste place Jean-Jaurès, baptisée la Plaine, offre de belles trouées sur le massif de l'Étoile ou la Sainte-Baume (la place va être repensée et des travaux réalisés pour être achevés en 2020). Un dédale de rues piétonnes, fier de ses peintures murales, sépare la Plaine du cours Julien. Réminiscence du temps où les halles de Marseille animaient les lieux, un marché paysan s'y tient encore le mercredi matin. Mais ce qui fait le sel du fameux «cours Ju» ce sont les jeunes créateurs qui y ont installé leurs boutiques et ateliers (photo 4) mais aussi la suite de terrasses où il fait bon déjeuner au soleil.

LE BONUS PLUS BELLE LA VIE

N'hésitez pas à découvrir La Friche la Belle de mai, un espace culturel situé au cœur d'un quartier en pleine mutation. Son immense toit-terrasse offre un panorama d'exception sur Marseille.

LA CORNICHE DU PRÉSIDENT-JOHN-FITZGERALD-KENNEDY

Cette avenue bordée de villas du XIXe siècle, serpente le long du littoral sur près de 5 km, jusqu'aux plages du Prado. Offrant de superbes points de vue sur la rade de Marseille, le château d'If et les îles du Frioul, elle débute à la hauteur de la plage des Catalans. Dès les beaux jours, on s'y baigne et l'on joue au beach-volley sous l'œil des badauds accoudés à la balustrade.

Non loin de là, se dresse la porte d'Orient d'où l'on peut descendre jusqu'à la mer et rejoindre un ensemble de plates-formes rocheuses. En poursuivant la route, on tombe sur le petit port de pêche du vallon des Auffes, avec ses cabanons fleuris qui s'étagent sur ses flancs, ses pointus (barques traditionnelles) sagement alignés en contrebas et ses restaurants à terrasses. Un peu plus loin, l'anse de Malmousque mérite une halte : cabanons transformés pour certains en villas cossues, dédale de ruelles étroites qui descendent vers un port minuscule, lui-même encadré de rochers plats. Empruntez la rue de la Douane, qui longe la Légion étrangère : elle débouche sur de très jolies criques.

LE STADE ORANGE VÉLODROME

DROIT AU BUT

L'Olympique de Marseille est l'un des plus grands clubs de football français. Son palmarès comprend une très prestigieuse Ligue des champions gagnée en 1993 (c'est l'unique club français à l'avoir remportée), 9 titres de champions de France et 10 coupes de France. Lieu emblématique de la culture marseillaise, le stade Orange Vélodrome s'est agrandi (67 000 places) pour accueillir l'Euro 2016. Les soirs de match, l'ambiance est électrique : si vous ne supportez pas les mouvements de foule, privilégiez la visite guidée !

3, bd Michelet Tél. 3229 (billetterie de l'OM) ou 04 13 64 64 64 (visite).
www.orangevelodrome.com
Visites individuelles tlj. pendant les vac. scol. Tarif 15€, enfant 12€.

MARSEILLE

1. La Joliette
2. Mucem
3. Panier
4. Vieux-Port
5. Parc Longchamp
6. Cours Julien
7. Vallon des Auffes
8. Basilique Notre-Dame-de-la-Garde
9. Corniche du Président-John-Fitzgerald-Kennedy

INFOS PRATIQUES

OFFICE DE TOURISME Plan de la ville, manifestations culturelles, organisation de visites guidées, informations sur l'hébergement... 11, La Canebière. www.marseille-tourisme.com

CARTE CITY PASS Elle donne accès à tous les musées marseillais, aux visites guidées, et permet d'emprunter le petit train qui monte à Notre-Dame-de-la-Garde. En vente à l'office de tourisme.

GEOGUIDE PROVENCE Une aide précieuse pour découvrir Marseille, quartier par quartier, ses lieux de visite comme ses bonnes adresses.

L'AMBIANCE VINTAGE *de la coloc*

Que de bons moments passés par les Mistraliens dans cet appartement ! Une atmosphère chaleureuse se dégage de cet intérieur au style rétro. Vous voulez donner une âme à votre chez vous ? Jetez un œil dans le passé !

Un effet velours très à la mode cet hiver et une forme enveloppante qui invite à la détente.

FAUTEUIL CLUBY VERT, BUT, 249,99 €. WWW.BUT.FR

L'appartement dont a hérité le proviseur Rochat est resté dans son jus. Ça tombe bien, le style vintage est très tendance !

Avec ces formes géométriques inspirées des sixties, le salon gagne en caractère.

TAPIS DIAMOND, BUT, 129,99 €. WWW.BUT.FR

Le mariage du jaune et du marron offre un effet vintage garanti !

TABLE BASSE ECLYPSE LAQUÉ JAUNE, MYCS, 109 €. WWW.MYCS.COM

Un coussin tout doux, réhaussé d'un léger matelassage, qui donne envie de se lover dans le canapé.

HOUSSE DE COUSSIN EN VELOURS, H&M HOME, 19,99 €. WWW.HM.COM

Une suspension tout en légèreté qui diffuse une douce lumière pour une atmosphère conviviale.

SUSPENSION MARIA 3 LUMIÈRES, ALINÉA, 129 €. WWW.ALINEA.COM

Ses pieds effilés et sa couleur originale donnent à ce canapé une allure incroyable.

CANAPÉ 3 PLACES EN CUIR HAYDEN, MAISONS DU MONDE, 1690 €. WWW.MAISONSDUMONDE.COM

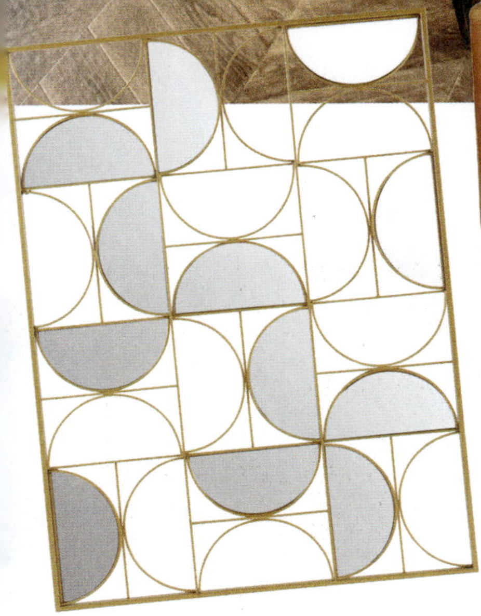

Une alliance subtile entre styles contemporain et rétro.

DÉCO MURALE MIROIR GOLDFINGER, MAISONS DU MONDE, 149 €. WWW.MAISONSDUMONDE.COM

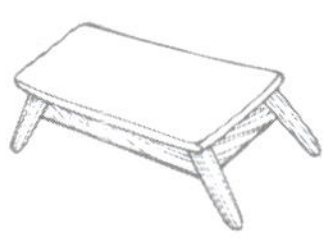

Ce pouf vert sapin intense, ceinturé de laiton, réchauffera à coup sûr votre décoration !

POUF LUXURE, LA REDOUTE, 85 €. WWW.LAREDOUTE.FR

Boîte à trésors, mini-vase... Quelle que soit sa fonction, cette cloche apporte une touche d'élégance.

CLOCHE EN VERRE ET MÉTAL, JARDILAND, 13,95 € L'UNITÉ.
WWW.JARDILAND.COM

Son design rétro en fera une pièce maîtresse de votre déco (réception FM, alimentation piles ou secteur).

RADIO ROADSTAR TRA-1957 WD, CHEZ BOULANGER, 59, 99 €.
WWW.BOULANGER.COM

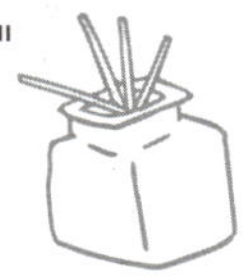

Une ligne épurée, un diffuseur en métal perforé enveloppé d'un globe en verre ciselé. Irrésistible !

LAMPE À POSER MISTINGUETT, AM.PM CHEZ LA REDOUTE, 149 €.
WWW.LAREDOUTE.FR

Un meuble à l'esthétique vintage qui trouve parfaitement sa place dans le salon ou la salle à manger.

BUFFET VINTAGE OMA PLACAGE BOIS CHÊNE, MILIBOO, 499,99 €.
WWW.MILIBOO.COM

Avec son ampoule rétro, cette lampe en laiton à intensité variable est pile-poil dans l'air du temps.

LAMPE ORBIS EN LAITON, BATHROOM GRAFFITI, 129,90 €. WWW.BATHROOMGRAFFITI.COM

Une petite pointe de chaleur dans un monde de brutes.

PHOTOPHORE TACHETÉ EN VERRE, MONOPRIX, 5,99 €. WWW.MONOPRIX.FR

À disposer dans l'entrée pour optimiser l'espace et s'en servir comme vide-poches.

SECRÉTAIRE MURAL GASTON, FRENCHROSA PPI, 790 €. WWW.FRENCHROSA.COM

Une réplique du 746 Phone, le téléphone culte des années 60 ! Son jaune lumineux donne du peps à la maison. En bonus, la sonnerie rétro authentique.

TÉLÉPHONE 746 ENGLISH MUSTARD, WILD & WOLF CHEZ BONJOUR BIBICHE, 64,90 €. WWW.BONJOURBIBICHE.COM

Quand les épisodes de Plus belle la vie rythment votre vie.

Pierre Giacometti, paroles d'un passionné.

En 2004, Laëtitia Milot participe à *Opération séduction* sur M6. Devant sa télévision, Pierre Giacometti, qui vit à Ajaccio, tombe sous son charme. Lorsqu'il a vent du tournage de *Plus belle la vie*, du haut de ses 12 ans, il débarque à Marseille. *« Le point de départ, ça a été ma rencontre avec Laëtitia. »* Quatorze ans plus tard, il gère l'un des sites de fans les plus importants consacré au feuilleton : pblv-plusbellelavie.fr. *« J'aime l'ADN de* Plus belle la vie, *les sujets de société traités et la notion de vivre ensemble. Plus les années passent, plus je suis en phase avec la série. »*

La transidentité et vous...

Karine Rezgui J'aime beaucoup cette série car elle parle de tout ce qui peut se passer dans la vie de chacun... Et le sujet de la transidentité n'avait pas encore été évoqué... Voilà c'est chose faite... C'est bien ❤️

Plus Belle La Vie Merci 🙏

Mèl Anie Un sujet tabou et méconnu c'est très bien d'en parler. En tant que parent cela ne doit pas être évident mais en tant qu'enfant ou ado cela doit être pire. Une sensation d'être abandonné ou perdu... Bref un BEAU SUJET qui je pense aura beaucoup d'émotion... Respect à Plus Belle La Vie d'oser 👏

Cece Vega J'aime cette série car il y a beaucoup de leçons de vie dont certains devraient s'inspirer. Antoine est un exemple, moi j'ai mal vécu ma différence depuis tout petit rejeté par les autres... Aujourd'hui il en est tout autrement 🙂

Joyeux anniversaire !

pblvofficiel Aujourd'hui, c'est l'anniversaire de Plus Belle La Vie 🎂 #14ans #pblv #plusbellelavie

Charger d'autres commentaires

pblvofficiel Merci à tous, c'est grâce à vous qu'on est là ♥♥♥♥

idwiissouuu @hajoraa_

s1r6h._ Joyeux anniversaire ❤️❤️

audrey_cjl10 @emilie_ville 😍

kellydaule64 Que ça dure 14 ans que je regarde c'est géniale ! Grâce à ça on a pu discuter plus facilement avec mes parents de chose que on aurait peut être jamais aborder ! Merci !!

emilie_ville @audrey_cjl10 😍

tvgodlife Joyeux anniversaire plus belle la vie 🎂😍😍😍

INFOS PRATIQUES

OÙ ÉCRIRE AUX COMÉDIENS ?

Pôle média
Telfrance Série
Plus belle la vie

À l'attention de (nom du comédien)
37 rue Guibal
13003 Marseille

EST-IL POSSIBLE DE VISITER LES STUDIOS ?

Les scènes intérieures sont tournées dans les studios de la Belle de Mai à Marseille. Le lieu est fermé au public. En revanche, la production organise ponctuellement des journées portes ouvertes. Pour en être informé, restez connecté aux réseaux sociaux (Instagram : @pblvofficiel ; Twitter : twitter.com/pblvofficiel ; Facebook : facebook.com/plusbellelavie) et au site Internet (www.plusbellelavie.fr) de la série.

COMMENT SE PROCURER LES PRODUITS LIÉS À LA SÉRIE ?

Retrouvez tous les produits officiels sur
plusbellelavie.fanavenue.com

Vous avez envie de vous faire plaisir ou d'offrir un cadeau à un de vos proches fan de *Plus belle la vie* ? Vous trouverez votre bonheur sur le site en ligne plusbellelavie.fanavenue.com

PLUS BELLE LA VIE

ESCAPE GAME

Ce jeu est inspiré des escape rooms dont les participants doivent s'échapper en un temps imparti. Ici, les joueurs vivent l'expérience d'un escape game à travers l'univers de *Plus Belle La Vie*, à retrouver régulièrement dans la revue. Chaque intrigue est proposée dans un lieu différent ; les joueurs doivent résoudre les énigmes, à l'aide des cartes et des indices fournis par le maître du jeu (MJ). Dans cette enquête rendez-vous à l'hôpital avec un mystérieux patient amnésique…

Règles du jeu pages 70-71

Cartes à détacher entre les pages 72 et 73

ENQUÊTE N° 1 : MÉMOIRE INFIDÈLE

Percez le mystère avant que la carrière de Babeth ne soit détruite.

Mise en situation, le MJ présente la raison et le but de la mission :

« Un homme avec une jambe cassée et visiblement amnésique a été amené par Luna à l'hôpital. Une infirmière, qui affirme que le patient avait toute sa tête lors de son admission, accuse l'infirmière Babeth de lui avoir administré un mauvais traitement, l'ayant rendu amnésique. Vous êtes donc une équipe d'aides-soignants bien décidés à faire la lumière sur cette affaire, avant que le conseil de l'hôpital ne se réunisse dans 45 minutes pour statuer sur le sort de Babeth. »

1ere ÉTAPE : L'ENQUÊTE DÉBUTE

OBJECTIFS

- Prendre connaissance des témoignages de toutes les personnes impliquées.
- Déverrouiller le téléphone.

Le MJ pose les **CARTES 1 À 5.**
Après que les joueurs ont pris connaissance des différents témoignages, le MJ annonce :

Mise en situation à lire aux joueurs:

« Jeanne, la directrice de l'hôpital, est une amie de Babeth. Elle vous propose de chercher des indices dans les affaires du patient pendant qu'elle l'envoie faire un scanner. »

Le MJ donne les **CARTES 6 À 8,** correspondant au contenu des poches du patient. À ce stade, les joueurs ont plusieurs pistes à suivre.
S'ils choisissent d'interroger Barbara au Mistral en lui téléphonant ou en allant la voir, le MJ indique qu'elle est indisponible.

Mise en situation à lire aux joueurs:

« Le temps presse. Le patient va bientôt revenir de son scanner. Si vous voulez fouiller ses affaires et trouver des indices, il faut aller vite. »

Option 1 : Les joueurs doivent essayer de déverrouiller le téléphone.
Ils peuvent essayer différents codes, mais ils doivent patienter 3 minutes, après trois essais infructueux.

SOLUTION
Le code correspond à la date inscrite sur le porte-clé : 310807.

Option 2 : Les joueurs décident de voir le contenu de la clé USB.
Le MJ donne la **CARTE 13,** ainsi que la **CARTE 14** en précisant qu'il s'agit d'une autre fenêtre ouverte sur le bureau de l'ordinateur.

2e ÉTAPE : APPRENTIS HACKERS

OBJECTIFS
- Prendre connaissance du contenu du téléphone.
- Découvrir ce que cache la clé USB.

Option 1 : le téléphone
Après que les joueurs ont déverrouillé le téléphone, le MJ donne les **CARTES 9 À 12.**

Si les joueurs demandent s'il y a un dossier « poubelle » dans le téléphone du patient, le MJ confirme l'existence du dossier et donne la **CARTE 17** correspondant à une application cachée.

Option 2 : la clé USB
Les joueurs doivent remarquer que la clé n'a plus que 3,99 Go sur une capacité de 4 Go (inscription sur la clé). Il y a donc bien quelque chose, mais comment le faire apparaître ?

SOLUTION
Dans le téléphone, il y a une note indiquant comment faire apparaître les fichiers cachés.

Le MJ donne les **CARTES 15 ET 16.**

Grâce à la **CARTE 16,** les joueurs peuvent trouver le mot de passe de l'application Loveinyou. Mais ils vont avoir besoin d'aller sur internet.

→ Indice : « N'oubliez pas que vous avez des outils à disposition pour vérifier vos théories. »

SOLUTION
Le lieu de naissance peut être trouvé grâce au numéro de sécurité sociale inscrit sur le dossier d'admission. Le 1 donne le sexe (homme), le 74 l'année (1974), le 13 le département de naissance (Bouches-du-Rhône), le 054 la ville (Marignane). Le mot de passe est donc MARIGNANE.

Le MJ donne la **CARTE 18.**

Mise en situation à lire aux joueurs une fois la ville identifiée:
« En voyant la conversation entre le patient et son amie, Babeth a soudain une révélation ! »

Le MJ donne la **CARTE 19.**

DÉNOUEMENT

Tandis que le patient revient du scanner avec sa femme, vous vous empressez de remettre son téléphone en place. Babeth en profite pour lui demander si le menu du soir lui convient, à savoir de la langue de bœuf. Le patient se trahit en faisant la grimace et disant qu'il en a déjà mangé le midi. L'amnésie était donc bien feinte ! Il mentait pour cacher sa liaison à sa femme.

MISSION ACCOMPLIE !

PLUS BELLE LA VIE

ESCAPE GAME

LES RÈGLES DU JEU

LE CONCEPT D'ESCAPE GAME

Ce jeu est inspiré des escape rooms dont les participants doivent s'échapper en un temps imparti. Ici, les joueurs vivent l'expérience d'escape game à travers l'univers de la série culte *Plus Belle La Vie.*

QUI PEUT JOUER ?

Toute la famille, en équipe de 2 à 8 joueurs. L'un d'entre eux sera le maître du jeu.

LA MISSION

Résoudre les énigmes, le tout en 45 minutes ! De **fausses pistes** peuvent ralentir la progression de l'équipe. Aux joueurs de **coopérer entre eux,** de faire les bons choix et d'utiliser les ressources mises à disposition lors de la partie, le tout en faisant appel à leur talent **d'observation** et de **logique**. La **fouille** et les **manipulations** sont les mots d'ordre de ce jeu de piste.

LES CARTES

Chaque énigme se compose de cartes mises à disposition par le maître du jeu au fur et à mesure que les joueurs réussissent des objectifs et **déverrouillent des étapes.**

Sur le recto de chaque carte est indiqué son numéro et le nom de l'intrigue à laquelle elle appartient.

LE MAÎTRE DU JEU, AUX COMMANDES DU DIVERTISSEMENT

SA MISSION

C'est lui qui explique les consignes à respecter pour que tout se déroule au mieux, qui présente la raison et le but de la mission et qui veille sur les joueurs tout au long de la partie. Il n'est donc pas là pour les mettre en situation d'échec. Au contraire, il assure la bonne tenue de l'intrigue. Mais il est aussi le gardien du temps. Si le jeu va trop vite, inutile d'aider les joueurs. A contrario, si les joueurs perdent trop de temps, il faut les aider. Le but étant que, pour chaque intrigue, les joueurs voient un maximum de cartes.

SES INTERVENTIONS

Au cours de la partie, le maître du jeu ouvre l'oeil et tend l'oreille pour donner un petit coup de pouce aux joueurs quand il le juge utile, mais sans pour autant leur donner la réponse. Il ne fait qu'orienter leur raisonnement.

LES INDICES

Pour savoir quel indice donner, il se réfère à son scénario.

ATTENTION : le maître du jeu veillera à ne pas transmettre d'indices lorsque les joueurs sont en pleine réflexion, il risquerait de briser la dynamique du groupe. Il ne faut pas oublier qu'il n'est pas l'interlocuteur des joueurs. Il n'y a donc pas lieu de lui poser des questions puisque, comme dans un véritable escape game, il observe la partie depuis l'extérieur.

PLUSBELLELAVIE

SES CONSEILS

S'il constate qu'un joueur est sur la bonne piste mais que le groupe s'égare, il peut intervenir auprès des joueurs :
– *« Écoutez-vous les uns les autres, l'un d'entre vous est peut être sur la bonne voie. »*
– *« Peut-être que vous avez négligé un indice passé. »*

SES OUTILS

- Les instructions à propos des cartes à donner aux joueurs au moment opportun.
- Les objectifs de chaque étape à déverrouiller, à ne pas révéler aux joueurs au cours de la partie.
- Les stories ou mises en situation à lire aux joueurs au fil du jeu.
- Les indices à potentiellement transmettre aux joueurs pour les aider au cours de l'aventure.

LA PRÉPARATION D'UNE PARTIE

Avant de démarrer la partie, il prend connaissance du contexte de l'histoire et **lit attentivement la totalité** des étapes de l'aventure.

Le maître du jeu réunit ensuite les cartes en lots séparés. Il devra, au cours de la partie, distribuer les bons lots de cartes au bon moment. Attention donc à toujours bien dévoiler les bonnes cartes aux joueurs !

Lorsque le maître du jeu est prêt, la partie peut démarrer.

Si les joueurs souhaitent se mettre dans les conditions d'un vrai escape game, le maître du jeu peut régler le chrono sur 45 minutes.

LE DÉROULEMENT D'UNE PARTIE

Ayant lancé le top chrono, le maître du jeu lit à haute voix la première mise en situation et distribue le premier lot de cartes comme indiqué. À noter que pour certaines intrigues, les joueurs démarrent avec une seule carte.

Les joueurs échangent ensemble et décryptent les cartes. Ils doivent toujours garder à l'esprit qu'à chaque étape correspond un ou plusieurs objectifs. Le maître du jeu, lui, suit attentivement leur progression, mais il ne prend pas part à la résolution.

Après chaque déverrouillage d'une étape, et donc chaque objectif accompli, le maître du jeu lance la suite du scénario : il continue de suivre les instructions, de lire des mises en situation quand c'est nécessaire et de distribuer de nouvelles cartes.

Parfois, les joueurs devront faire un choix entre plusieurs pistes possibles selon les théories qu'ils développent. S'ils font une erreur et s'en rendent compte, ils doivent alors revenir sur leurs pas.

LES DROITS ET RESSOURCES DES JOUEURS

LES JOUEURS PEUVENT :

✔ poser des questions.
✔ proposer de se déplacer dans des lieux, de parler à certaines personnes.
✔ utiliser du matériel (exemple : smartphone, tablette) pour vérifier des informations.
✔ demander un indice au maître du jeu.

1
ESCAPE GAME
PLUS BELLE LA VIE
Mémoire infidèle

2
ESCAPE GAME
PLUS BELLE LA VIE
Mémoire infidèle

3
ESCAPE GAME
PLUS BELLE LA VIE
Mémoire infidèle

4
ESCAPE GAME
PLUS BELLE LA VIE
Mémoire infidèle

5
ESCAPE GAME
PLUS BELLE LA VIE
Mémoire infidèle

6
ESCAPE GAME
PLUS BELLE LA VIE
Mémoire infidèle

7
ESCAPE GAME
PLUS BELLE LA VIE
Mémoire infidèle

8
ESCAPE GAME
PLUS BELLE LA VIE
Mémoire infidèle

9
ESCAPE GAME
PLUS BELLE LA VIE
Mémoire infidèle

10
ESCAPE GAME
PLUS BELLE LA VIE
Mémoire infidèle

11
ESCAPE GAME
PLUS BELLE LA VIE
Mémoire infidèle

12
ESCAPE GAME
PLUS BELLE LA VIE
Mémoire infidèle

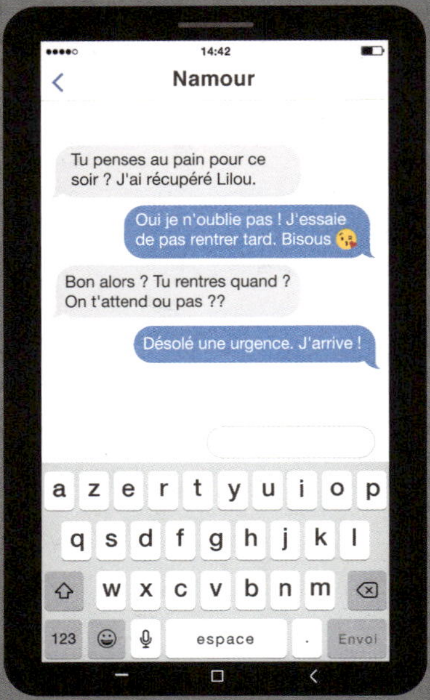

« J'étais dans la rue quand j'ai vu l'homme se faire renverser par une voiture, en sortant du Bar du Mistral. J'ai immédiatement appelé les pompiers et ai attendu leur arrivée avec lui. Hormis sa jambe cassée, il avait l'air en bonne santé mentale. »

LUNA, HÔPITAL

BAR DU MISTRAL
PLACE DU MISTRAL
MARSEILLE

03-03-2018 13:12:03

TABLE 5
VENDEUR : Barbara Couverts : 2

2 X DEMI-PRESSION	7,40
2 X ENTRÉE DU JOUR	7,20
1 X SALADE CÆSAR	10,50
1 x PLAT DU JOUR	10,80

TOTAL 35,90
TOTAL PAR PERSONNE 17,95

MERCI À BIENTÔT

Dossier individuel d'admission

Numéro dossier : 2538965
Date et heure d'admission : 13h45 le 3/03/2018

IDENTITÉ

NOM : Lebon
PRÉNOM : Jean-Marc
DATE DE NAISSANCE : 25/04/1974
ADRESSE : 4 rue des roches, 13002 Marseille
NATIONALITÉ : Française
NUMÉRO SÉCU : 1 74 04 13 054 145 38

SANTÉ

MOTIFS D'HOSPITALISATION : Fracture du tibia gauche
ANTÉCÉDANTS : -
ALLERGIE : -
TRAITEMENT : -

« Quand le patient est arrivé, il allait parfaitement bien. J'ai vu Babeth lui administrer un analgésique dès son arrivée, mais j'ai remarqué qu'elle s'était trompée de médicament. C'est sans doute ça qui lui a fait perdre la mémoire. »

PAULINE, HÔPITAL

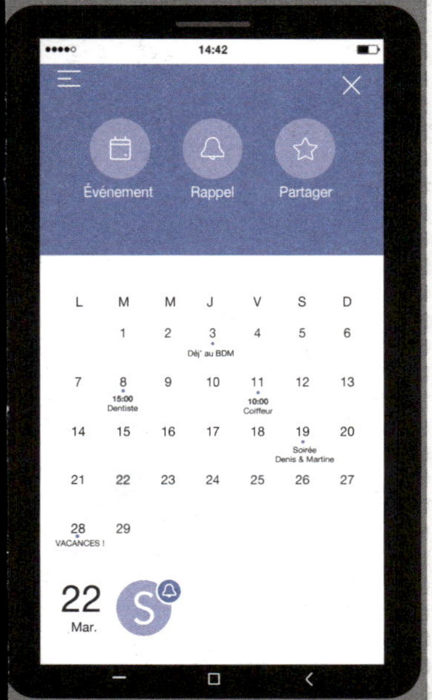

« La dernière chose dont je me souvienne, c'est que j'étais en train de dîner dans un très bon restaurant avec ma tendre épouse. Une superbe soirée. Depuis, c'est le trou noir. Je ne sais même pas comment je suis arrivé ici. »

JEAN-MARC LEBON, HÔPITAL

« Le patient est arrivé à deux heures moins le quart avec Luna. Il m'a dit qu'il sortait du Bar du Mistral quand il s'est fait renversé par une voiture. Je lui ai donné un antidouleur pour patienter. J'ai ensuite prévenu sa femme, et quand je suis allée le voir avec elle trois quarts d'heure plus tard, il a dit qu'il ne se souvenait de rien. »

BABETH, HÔPITAL

13

ESCAPE GAME

PLUSBELLELAVIE

Mémoire infidèle

14

ESCAPE GAME

PLUSBELLELAVIE

Mémoire infidèle

15

ESCAPE GAME

PLUSBELLELAVIE

Mémoire infidèle

16

ESCAPE GAME

PLUSBELLELAVIE

Mémoire infidèle

17

ESCAPE GAME

PLUSBELLELAVIE

Mémoire infidèle

18

ESCAPE GAME

PLUSBELLELAVIE

Mémoire infidèle

19

ESCAPE GAME

PLUSBELLELAVIE

Mémoire infidèle

J.M USB

Perso ▸ | mdp.txt

10 Mo utilisés, 3,99 Go disponibles

J.M USB

3,9 G disponibles

3/03/2018

Infirmiers planning

8h30 – 9h30	Béatrice, Julien, Paul, Romane, Fabrice, Benoit
9h30 – 10h30	Béatrice, Julien, Paul, Romane, Fabrice, Benoit
10h30 – 11h30	Béatrice, Julien, Paul, Romane, Fabrice, Benoit
11h30 – 12h30	Babeth, Julien, Paul, Romane, Justine, Marc
12h30 – 13h30	Babeth, Grégoire, Amandine, Justine, Justine, Marc
13h30 – 14h30	Babeth, Grégoire, Amandine, Pauline, Justine, Marc
14h30 – 15h30	Babeth, Grégoire, Amandine, Pauline, Justine, Marc
15h30 – 16h30	Babeth, Grégoire, Amandine, Pauline, Justine, Marc

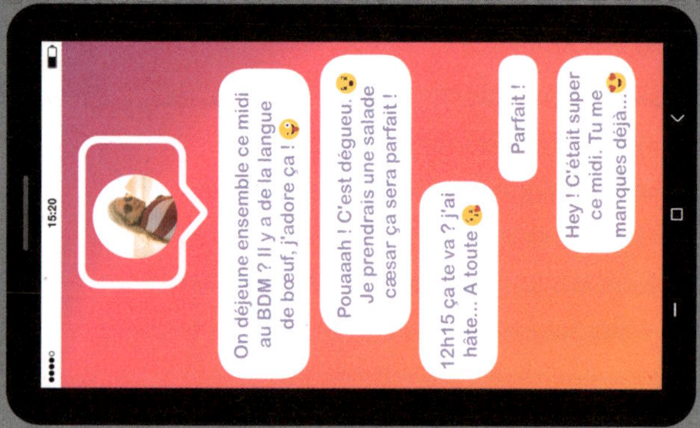

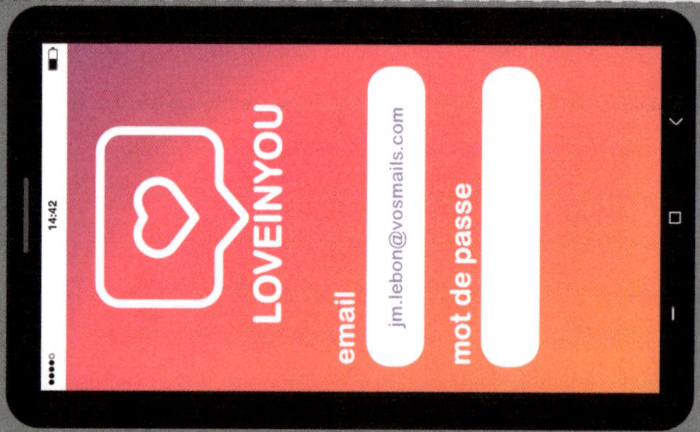

mdp.txt

tél : naissance Lilou
ordi : classique compliqué
loveinyou : ville de naissance
banque : naissance Lilou
mail perso : naissance Namour
mail pro : carré 144
cloud : classique simple
train : mariage

VIEUX PORT
(GRAVURE 1897)

« Ça y est, j'ai une idée !
Je sais comment le piéger ! »

BABETH, HÔPITAL

ENTRÉE DU VIEUX PORT
(GRAVURE 1881)

ASCENSEUR DE NOTRE DAME DE LA GARDE
(PHOTOGRAPHIE DÉBUT XXE)

ARC DE TRIOMPHE DE MARSEILLE
(GRAVURE 1586)

PALAIS DE LONGCHAMP
(PHOTOGRAPHIE XIXE)

LA DESCENTE AUX ENFERS de Benoît Cassagne

Celui qui à l'époque est encore éducateur se retrouve au cœur d'une sombre affaire dont il mettra des années à se remettre.

« *Si tu veux que je me batte, il faut que je sente que ma fille ne sombre pas.* » Mine fermée, épaules tombantes et ton grave, Benoît Cassagne demande à Sybille, en larmes, de tenir le coup pour lui. En ce mois de novembre 2009, c'est un véritable coup de théâtre qui secoue le Mistral : l'éducateur a été placé dans la cellule du commissariat. Qu'a-t-il fait de si horrible ? Comment ce père de famille attentionné se retrouve-t-il entre les mains de la police ? A-t-il une part d'ombre qu'il aurait dissimulée ? L'heure est grave…

DE SIMPLE TÉMOIN À SUSPECT

Invité à se rendre au commissariat, Benoît est sous le choc : Morgane, pensionnaire dans le foyer où il travaille, a été victime d'un viol. L'éducateur pense alors à la dernière fois où il a vu la jeune fille. Le vendredi soir, elle est passée chez lui pour lui avouer ses sentiments. Après lui avoir dit qu'une histoire ne serait jamais possible entre eux, Benoît l'a laissée partir, sans la raccompagner. Une erreur qui l'empêche de dormir la nuit : « *Si elle était rentrée avec moi au foyer, rien de tout ça ne serait arrivé* », confie-t-il à Léo Castelli et Jean-Paul Boher qui l'interrogent sur ses faits et gestes de cette nuit-là. Qu'a-t-il fait après la visite de Morgane ? Resté seul chez lui, ses enfants au cinéma, Benoît n'a pas d'alibi. Le monde s'écroule alors pour le père de

UN INSTANT DE FAIBLESSE QUE L'ÉDUCATEUR REGRETTERA AMÈREMENT

famille lorsqu'il réalise ce que Léo est en train de lui dire : la jeune fille l'a désigné comme son violeur ! Lors de la confrontation entre le suspect et la victime, celle-ci fixe Léo, sans jamais regarder Benoît. Les supplications de ce dernier ne servent à rien. Morgane maintient sa version : Benoît l'a menacée avec un couteau et lui a attaché les mains avec du scotch. Et elle assène alors un argument de choc : « *J'ai reconnu ta voix !* » Si Léo a des doutes sur la culpabilité de cet homme sans histoires qu'il croise chaque jour au Mistral depuis plus d'un an, Boher, lui, est persuadé que la victime dit vrai.

LA MACHINE JUDICIAIRE S'EMBALLE

Les preuves physiques sont minces mais certains éléments sont accablants. Une nuit passée avec Morgane en particulier. Déprimé par sa rupture avec Ninon Chaumette, Benoît a cédé aux avances de la jeune fille. Seul et malheureux, il s'est laissé aller à l'embrasser. Dans son bureau, Benoît a repoussé toute raison pour succomber à la passion. Avant de se sentir coupable, le lendemain. Ce qui n'était pour lui qu'un regrettable moment d'égarement signifiait tout autre chose pour Morgane, amoureuse de son éducateur. Et aux yeux de la police, cette nuit malencontreuse constitue clairement un élément à charge. Effrayée à l'idée

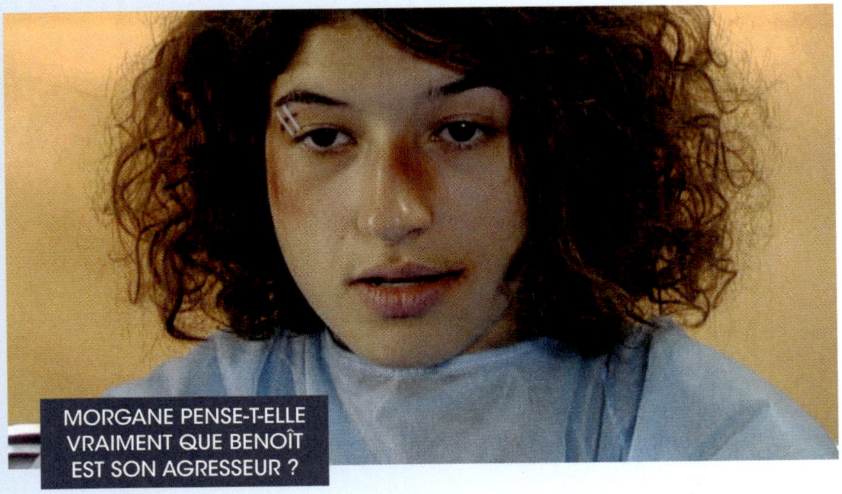

MORGANE PENSE-T-ELLE VRAIMENT QUE BENOÎT EST SON AGRESSEUR ?

BENOÎT (LUDOVIC BAUDE), BROYÉ PAR LA MACHINE JUDICIAIRE

de voir son père partir en prison, Sybille n'arrange pas son cas. Léo la surprend en train de brûler des preuves. Une corde et du scotch, trouvés dans le bureau de Benoît au foyer. Elle s'est également débarrassée d'un couteau. Autant d'éléments qui auraient pu innocenter le suspect s'ils avaient été examinés par la police scientifique. Le dossier contre Benoît ne cesse de s'étoffer. Et, coup de grâce, même son propre fils ne sait plus ce qu'il doit penser de cette affaire. Benoît est-il l'homme qu'il connaît ? Raphaël doute.

PASSAGE PAR LA CASE PRISON

C'est le début d'un engrenage impitoyable d'autant que la police le soupçonne bientôt d'avoir commis une série de viols à Marseille. Vient alors l'inévitable : Benoît est transféré à la prison des Baumettes, sous les yeux de sa fille impuissante. S'il tente de la rassurer, il n'est guère convaincant : « *De toute façon, je suis innocent, t'inquiète pas, ils vont bien finir par s'en apercevoir.* » Comme nombre de Mistraliens avant lui, Benoît découvre alors l'univers carcéral, les douches trois fois par semaine, l'eau froide du petit lavabo étroit de sa cellule lugubre et les poings de ses codétenus. Physiquement, il s'endurcit, perdant son look de grand adolescent. Symbole de ce changement, Benoît se rase la tête devant son miroir étroit et mal éclairé. Son salut, il le doit à une série de coïncidences. Eddy, commercial, est arrêté suite à un contrôle routier. Ce dernier étant déjà sous le coup d'une condamnation avec sursis, il se retrouve placé en détention dans la même cellule que Benoît. Très vite, cet homme laisse entrevoir une fascination pour les viols commis à Marseille et l'éducateur découvre qu'il est l'agresseur de Morgane.

MÉLANIE À LA RESCOUSSE

Au parloir, Benoît se confie à Mélanie, avec qui il a eu une liaison. Cette dernière décide de lui venir en aide au péril de sa propre vie. Prévenue que le véritable coupable, Eddy, est sorti de prison et rôde dans Marseille, Mélanie est en effet déterminée à protéger Sybille et les femmes du quartier et à tout à faire pour prouver l'innocence de son ancien amant. Elle décide donc de servir d'appât, tandis que, depuis sa cellule, Benoît enrage de se sentir si inutile pendant qu'Eddy s'en prend à ceux qu'il aime. L'affaire aura brisé plusieurs vies, à commencer par celle de Morgane, qui tentera de mettre fin

EN 2008, BENOÎT AVAIT DEJÀ ÉTÉ SOUPÇONNÉ DE MEURTRE PAR LA POLICE

MÊME SON FILS RAPHAËL DOUTE DE SON INNOCENCE

> De toute façon, je suis innocent, t'inquiète pas, ils vont bien finir par s'en apercevoir.

à ses jours. « *On avait fait l'amour, je t'aimais et tu n'as plus voulu de moi quand j'en avais le plus besoin,* écrit-elle dans une lettre qui ne parviendra jamais à Benoît. *Je préfère mourir que de te voir me reprocher tout le mal que je t'ai fait.* » Lorsqu'elle sort du coma, Morgane pointe enfin du doigt le véritable coupable.

LE PARLOIR ? UN LIEN PRÉCIEUX AVEC L'EXTÉRIEUR

LE TEMPS DE LA RECONSTRUCTION

Blanchi, Benoît pardonne à celle qui lui a fait vivre l'enfer. Il n'en restera pas moins marqué à vie par cette expérience traumatisante. En franchissant la porte de la prison, ce n'est plus le même homme que celui qui était entré aux Baumettes près de deux mois auparavant. Il en conservera une aversion pour les autorités et mettra des années avant de s'en remettre, émotionnellement, mais aussi professionnellement. Il enchaînera les galères et les petits boulots, avant de retrouver un emploi comme assistant social à l'hôpital. Depuis, Benoît a vécu tellement de choses – une histoire d'amour avec Sara Douala, un désastre avec Agnès Russel, un jeu sans lendemain avec Ève Tressère – qu'on a presque oublié cette sombre histoire.

COMMENT SE RECONSTRUIRE APRÈS UNE TELLE ÉPREUVE ?

13 DESSERTS
Ni plus ni moins

Dans la pure tradition provençale, le réveillon de Noël s'achève en dégustant un magnifique assortiment de douceurs. Une coutume gastronomique vieille de plusieurs siècles, qui se perpétue encore aujourd'hui.

Souvenez-vous de cette scène du roman *Le Château de ma mère* de Marcel Pagnol : l'instant empreint de magie au cours duquel le jeune Marcel découvre, enchanté et gagné par la gourmandise, les desserts et friandises dressées par sa mère sur la table de la salle à manger.

En Provence après la messe de minuit, le rituel veut que les convives retournent à table : les treize desserts de Noël concluent le dîner du 24 décembre. Treize comme le nombre de convives de la Cène. La liste varie selon les lieux et les familles mais les incontournables sont les quatre mendiants qui symbolisent les ordres monastiques (noisettes ou noix, figues sèches, amandes, raisins secs), les deux nougats (le noir et le blanc), et la pompe à l'huile, une miche parfumée à la fleur d'oranger, à rompre pour la partager. On y ajoute, au choix, des fruits (oranges, mandarines, pommes, poires), des calissons, des chocolats, des fruits confits…

L'INCONTOURNABLE

Les mendiants

Depuis le Moyen Âge, les ordres mendiants sont des ordres de l'Église vivant uniquement de charité. Les quatre fruits secs suivants étaient appelés fruits de Carême : figue de Provence, raisins de Malaga, amandes et avelines (ancien nom des noisettes). Lors d'une messe où Louis XIII était présent, le père André Le Boullanger expliqua que « ces fruits étaient nommés ainsi parce qu'ils avaient pour patrons les quatre ordres mendiants, à savoir : les Franciscains capucinaux qui représentaient les raisins secs, les Récollets qui étaient comme des figues sèches, les Minimes qui semblaient des amandes avariées, et les Moines-déchaux qui n'étaient que des noisettes vides ». Cela lui causa quelques désagréments… Une autre version rapporte que ces fruits secs symbolisent les couleurs des robes de quatre ordres mendiants : Franciscains à la robe grise, raisins secs ; Carmélites à la robe marron, noisettes ; Dominicains à la robe blanche, amandes mondées ; Augustins à la robe violet sombre, figues. Voilà pourquoi un mendiant au chocolat traditionnel comporte quatre fruits secs.

LA RECETTE

- Coulez du chocolat tempéré dans des moules en silicone extra-plats ou posez-en de petits tas sur du papier aluminium et étalez-les en formant des palets.
- Sur chaque moulage, enfoncez légèrement une amande et une noisette émondées, et un dé de figue sèche.
- Ajoutez une lamelle d'orange confite sur le chocolat noir, un raisin sec sultana sur le chocolat au lait, un morceau de citron confit sur le chocolat blanc et laissez durcir 1 heure.

L'astuce de Barbara

" Ils sont tout aussi bons au chocolat noir, au lait ou blanc. "

L'INCONTOURNABLE

Le nougat

Qu'il soit noir ou blanc, le nougat est l'un des treize desserts du Noël provençal. Le « pignolat », cité par Nostradamus dans son *Traité des fardements et confitures* (1555), est peut-être l'ancêtre du nougat. C'est un mélange de sucre ou de miel cuit, puis recuit avec du blanc d'œuf et agrémenté de pignons de pin. Dans les traités de cuisine arabe du XIIIe siècle, des recettes semblables de pâtes sucrées à base d'amandes, de pignons ou de noix sont légion. La culture du « nougat » est commune au pourtour méditerranéen. En Provence, plusieurs villages ont popularisé leur nom grâce à cette confiserie. C'est le cas des villages d'Allauch, près de Marseille, ou de Sault, au pied du mont Ventoux. Le nougat blanc est fabriqué avec du miel de lavande et des blancs d'œufs montés en neige, doucement cuits ensemble dans un chaudron. L'artisan ajoute ensuite un sirop de sucre et des amandes puis coule le nougat sur des plaques, entre deux feuilles de pain azyme. Le nougat noir résulte de la caramélisation du miel avec les amandes, qui ne doivent en aucun cas éclater au cours de la cuisson.

L'astuce de Francesco

" Le nougat glacé est idéal comme dessert de Noël. "

L'INCONTOURNABLE

La pompe á l'huile

La pompe à l'huile (ou gibassier) est le treizième dessert du Noël provençal. Elle est servie avec un verre de vin cuit ou de ratafia. Sa forme et sa taille varient d'un village à l'autre en Provence. Son nom provient de la tradition d'éponger les fonds de cuve d'huile d'olive avec un morceau de pâte à pain. Sucrée et parfumée à l'eau de fleur d'oranger, cuite au four, ladite pompe constituait une substantielle gourmandise.

L'astuce de Roland

" Dans la pure tradition elle se rompt à la main. "

LA RECETTE

500 G DE FARINE • 20 G DE LEVURE DE BOULANGER • 125 G DE CASSONADE • 4 ŒUFS • 2 CUIL. À SOUPE D'EAU DE FLEUR D'ORANGER • 20 CL D'HUILE D'OLIVE • 10 CL D'EAU • 1 PINCÉE DE SEL

• Dans une jatte, versez 100 g de farine, la levure, ajoutez 25 g de cassonade et le sel. Pétrissez avec l'eau. Recouvrez d'un linge et laissez reposer 1 heure.

• Ajoutez le reste de farine et de cassonade, les œufs, l'eau de fleur d'oranger et l'huile d'olive. Pétrissez jusqu'à obtention d'une boule de pâte homogène se décollant bien des parois du récipient. Recouvrez hermétiquement et laisser lever 3 heures pour que la pâte double de volume.

• À la main, appuyez sur la pâte pour en chasser les gaz de fermentation. Abaissez la pâte, toujours à la main, pour lui donner une forme ovale sur environ 2 cm d'épaisseur.

Avec un couteau, faites quelques incisions du centre vers l'extérieur. Déposez la pompe sur une plaque huilée ou recouverte d'un papier de cuisson. Laissez reposer environ 1 heure.

• Préchauffez le four à 180 °C (th. 6). Enfournez 15 à 20 minutes.

Les fruits confits

Quand les papes demeuraient à Avignon, l'un d'eux, Clément VI, nomma l'Aptésien Ausias Maseta, « écuyer en confiseries ». La ville d'Apt devint alors un « chaudron à confitures » comme l'écrira, quelques siècles plus tard, Madame de Sévigné. Dans ce pays de Cocagne qu'est la Provence, les fruits sont abondants, en toute saison. Les confire dans le sucre, tradition importée d'Orient par les croisés, permettait de conserver les excédents. En d'autres termes, on joignait l'utile à l'agréable ! La technique a été parfaite par le docteur Nostradamus, un natif de Saint-Rémy-de-Provence, plus connu pour ses prophéties que pour son *Traité des fardements et confitures,* rédigé en 1555. Il y enseigne comment « confire petits limons et oranges tout entiers, coings en quartiers avec le sucre pour faire du cotignac, du pignolat, du sucre candi, des sirops, des poires confites et de la tarte de massapan ». Le secret du confisage est simple, mais délicat : il consiste à remplacer lentement l'eau de végétation du fruit par du sucre, en plusieurs bains successifs (de sept à douze selon les fruits). Le fruit ne doit perdre ni sa forme, ni sa couleur, ni son goût caractéristique.

L'astuce de Francesco

« Avec un vin de paille, c'est l'accord parfait. »

LA RECETTE

Autrefois, les fruits étaient confits dans du miel. De nos jours, on les fait cuire dans plusieurs bains de sucre pour remplacer peu à peu l'eau des fruits par du sucre confit. La technique consiste à ne pas trop chauffer le sucre pour ne pas le faire caraméliser. Au début, entraînez-vous avec des écorces d'agrumes ou du gingembre.

CONFISAGE

Armez-vous de patience, le confisage dure presque 1 mois.

- Le 1er jour, piquez les fruits avec une épingle. Recouvrez-les d'eau et faites-les cuire une dizaine de minutes pour les ramollir. Laissez-les refroidir dans leur jus et placez-les au frais.
- Le 2e jour, égouttez les fruits, conservez l'eau de cuisson, ajoutez 170 g de sucre pour 250 ml de jus. Faites bouillir, versez sur les fruits et réservez comme précédemment.
- Du 3e au 10e jour, ajoutez chaque jour dans le sirop de la veille 55 g de sucre pour 250 ml de jus, et refaites bouillir avec les fruits.
- Du 11e au 25e jour, faites bouillir chaque jour les fruits durant 5 minutes dans le sirop précédent (sans ajouter de sucre). Il va s'épaissir progressivement.
- Le 26e jour, égouttez les fruits devenus transparents. Mettez-les à sécher sur du papier sulfurisé dans un endroit sec et tempéré.

CONSERVATION ET DÉCOUPE

- Gardez les fruits confits juste enrobés de sucre cuit ou trempez-les dans du chocolat fondu. Conservez-les dans des bocaux en verre au sec dans un placard. Et pour les couper sans qu'ils ne collent, enduisez d'huile la lame de votre couteau.

Les calissons

Voilà une douce confiserie qui n'est pas frappée du péché de gourmandise : chaque premier dimanche de septembre, les calissons d'Aix sont bénis à l'église Saint-Jean-de-Malte, petit bijou d'art gothique à Aix-en-Provence. Dans la droite lignée des massepains, le calisson est une recette à base de pâte d'amande mélangée à du melon (et parfois des oranges) confit. Nappé de glace royale – une préparation à base de blanc d'œuf et de sucre glace –, ce doux et fondant assemblage repose sur une fine feuille de pain azyme. Taillé à l'emporte-pièce en forme de navette, le calisson d'Aix est l'un des treize desserts du Noël provençal. De nombreuses hypothèses circulent sur l'étymologie de cette confiserie. La plus plausible remonte aux sources de la chrétienté : cela viendrait de *calissoun* en provençal, qui signifie « petit calice », soit la coupe sacrée de l'eucharistie qui contient le vin et l'hostie de la communion.

L'astuce de Barbara

« À la place de la confiture, vous pouvez opter pour de l'orange confite. »

LA RECETTE

- Pour en préparer une trentaine, mixez finement 70 g de melon confit avec 25 g de confiture d'abricots. Ajoutez 1 cuillerée à café d'eau de fleur d'oranger, 150 g de poudre d'amandes et 100 g de sucre glace. Malaxez et formez une boule. Ajoutez un peu d'eau si nécessaire pour amalgamer les ingrédients. Si la pâte est trop collante, faites-la dessécher à four doux (30 °C/th. 1) pendant 5 à 10 minutes.
- Étalez la pâte sur une feuille de papier guitare ou de papier sulfurisé. Recouvrez d'une seconde feuille. Abaissez au rouleau sur une épaisseur de 1 cm et ôtez la feuille du dessus. Laissez croûter la pâte au minimum 2 heures.
- Traditionnellement, les calissons se découpent avec un découpoir ovale aux extrémités pointues. Si vous n'en trouvez pas, utilisez des emporte-pièce à gâteau de petite taille, en forme de losange, de cercle ou de coeur. Découpez les calissons un à un avant de les poser sur une feuille de papier sulfurisé saupoudrée d'une fine couche de sucre glace.
- Ne jetez pas les chutes de pâte. Rassemblez-les et étendez-les à nouveau pour y découper quelques calissons supplémentaires. Laissez croûter 12 heures, puis décollez les calissons.
- Découpez dans le pain azyme des bandes légèrement plus larges que les calissons. À l'une des extrémités, tracez la forme d'un calisson avec la pointe d'un couteau.
- Pliez les bandes en accordéon. Découpez les formes au cutter ou aux ciseaux. Battez un blanc d'oeuf à la fourchette. Badigeonnez-en toutes les découpes et collez-les sous les calissons. Laissez sécher les calissons dans un endroit frais et sec pendant 12 heures.

Les marrons glacés

On connaît davantage ceux de Corrèze ou d'Ardèche, mais les châtaigniers fleurissent aussi en Provence. Vers Collobrières, la forêt des Maures en abrite plusieurs centaines d'hectares. Le marron est un fruit identitaire et rustique. Ce fruit frais, presque sauvage, biologique par essence, nous ravit. La châtaigne raconte de douillets souvenirs d'enfance, quand, grillée au feu de bois, elle réchauffait les mornes journées de novembre. Elle a plus d'un tour culinaire dans sa bogue, si on prend soin d'exploiter ses nombreuses formes (près de 25 en tout, de la farine à la liqueur en passant par le confit). À Collobrières, la solide tradition du confisage du marron remonte au Moyen Âge. Pendant sept à huit jours, les châtaignes, débarrassées de leur bogue et de leur épiderme, sont cuites dans un bain de sucre généreusement parfumé à la vanille. Ces marrons dits « glacés » figurent sur la liste des treize desserts de Noël.

L'astuce de Roland

" Conservez-les au frais (0-10° C) et à l'abri de l'humidité. "

ASTRO

bélier

21 mars-20 avril

Comme Barbara

AU BEAU FIXE

Vous voulez changer de région ? Monter une affaire ? Vous reconvertir ? 2019 est votre année ! Et si vous convoitez un poste dans votre entreprise, vous le décrochez avant octobre. Les duos se rapprochent et c'est lors d'un voyage que le cœur des solos s'emballe.

Conseil : *Flattez votre hiérarchie.*

taureau

21 avril-21 mai

Comme Francesco

ÇA BOUGE !

Fini la routine (si votre moitié ne suit pas, quelqu'un d'autre le fera) et vive le renouveau ! D'ailleurs, une proposition dans un domaine original vous pend aux cornes. Bon, nouveau job ou pas, osez relever un défi : en 2020, vous ne le regretterez pas, c'est certain !

Conseil : *Soyez fou !*

gémeaux

22 mai-21 juin

Comme Vincent

MI-FIGUE MI-RAISIN

Envie d'évoluer ? On vous exaucera. Il y aura des grincements de dents (gare aux traîtres), mais vous connaîtrez vos alliés. Des tensions entre vous deux ? Méfiance, vous risquez de ne plus vous supporter ! En solo, le coup de foudre, avant la fin de l'année, est inévitable.

Conseil : *Ne soyez pas trop franc.*

balance

23 septembre-23 octobre

Comme Luna

QUE DU FUN

Monotone, le quotidien ? Ça va changer. Nouveaux amis (et plus, les solos), nouvel élan pour votre moitié… C'est dès janvier ! Vous désirez prendre du galon ? Un stage vous y aidera. À moins qu'une relation vous pistonne. À vos contacts !

Conseil : *Travaux, livraisons… gare aux retards.*

scorpion

24 octobre-22 novembre

Comme Blanche

TOUT EN CONTRASTE

Préparer un concours, trouver un financement… C'est tout bon ! Commencez vite vos recherches qui s'annoncent ardues. Si votre moitié se sent délaissée, associez-la à vos projets. Y a-t-il de l'amour pour les solos ? Oui, à partir de mai.

Conseil : *Ne vous rebellez pas contre l'administration.*

sagittaire

23 novembre-21 décembre

Comme Charles Frémont

DE L'EXCITATION

Qui résistera à votre envie de faire bouger la vie ? Pas votre amour (ou celui ou celle qui va vite le devenir), bluffé par tant d'enthousiasme… et de succès ! Oui, vous allez prendre de l'ampleur au bureau ou monter un projet détonnant.

Conseil : *Vitesse, dépenses… attention aux excès !*

2019

cancer
22 juin-22 juillet

Comme Antoine
TENIR LE CAP

Contrordres, délais trop courts… Les rapports avec la hiérarchie se tendent. Pas de panique ! Vous prouverez que, dans l'urgence, vous assurez. Ne vous renfrognez pas, votre moitié le supporterait mal. Vous pensez à votre ex ? Quelqu'un vous le(la) fera oublier vers mai.

Conseil : *On se dépasse !*

lion
23 juillet-23 août

Comme Thomas
LE VENT EN POUPE

Vendre ce commerce usant qui rapporte des clopinettes ? Pas question d'attendre le dégel, on agit en janvier. Pour, vers avril, se lancer dans une activité nouvelle… et rentable ! Vous serez moins irritable à la maison… et disponible pour aimer, les solos !

Conseil : *Ne regrettez rien.*

vierge
24 août-22 septembre

Comme Mirta
DUR, DUR…

Prêt à batailler ? Que vous visiez un poste ou une promotion, vous serez satisfait vers octobre. D'ici là, vu les difficultés, vous ne serez pas facile à vivre, prévenez les vôtres ! Des rencontres décevantes ? Cela change dès novembre, les solos.

Conseil : *Évitez les ultimatums.*

capricorne
22 décembre-20 janvier

Comme Lucie Boher
PAS DE TOUT REPOS

Ambiance tendue, petits moyens… Vous devez pourtant fournir. Que faire ? Fixer des priorités et vous y tenir. Et pratiquer un hobby avec votre moitié afin qu'une distance ne s'installe pas. Est-ce lors d'une activité que l'amour surprend les célibataires ?

Conseil : *Sachez qui sont vos amis.*

verseau
21 janvier-18 février

Comme Abdel
ENFIN PLUS DE LÉGÈRETÉ

2018 et ses revers, vous connaissez. Mais la chance rôde ! Malgré une méga crise, vous aimez votre moitié ? Vous vous réconciliez. Plus de travail ? Un ami vous aidera à en trouver. Et qui sait si on ne vous présentera pas quelqu'un, les solos ?

Conseil. : *Frappez aux portes dès janvier.*

poissons
19 février-20 mars

Comme Léo
DU REMOUS

Nouveau boss, nouvelles règles… Persévérez, vous en serez fier autour de mai. Des rapprochements en 2018, les duos ? Ne laissez pas des querelles ternir le paysage. Un chagrin d'amour, les solos ? Et dire qu'un ami ne demande qu'à vous consoler…

Conseil : *Ne tenez rien pour acquis.*

VOTRE AVIS *nous intéresse !*

Que pensez-vous de la revue *Plus belle la vie ?*

Vous venez de découvrir le premier numéro de la revue officielle Plus belle la vie, *donnez-nous votre avis afin de nous aider à améliorer les prochains numéros et de mieux répondre à vos attentes.*

1. Ce premier numéro de la revue *Plus belle la vie* vous a-t-il plu ?

- ❑ Beaucoup
- ❑ Assez
- ❑ Peu
- ❑ Pas du tout

2. De quel(s) comédien(s) aimeriez-vous lire l'interview dans la revue *Plus belle la vie ?*

- ❑ Alexandre Fabre (Charles Frémont)
- ❑ Pierre Martot (Léo Castelli)
- ❑ Elodie Varlet (Estelle Cantorel)
- ❑ Stéphane Hénon (Jean-Paul Boher)
- ❑ Léa François (Barbara Evenot)
- ❑ ....

3. Selon vous, cette revue devrait…

- ❑ Me permettre de mieux connaître les acteurs
- ❑ Me faire découvrir les lieux de la série
- ❑ Me montrer les coulisses de la série
- ❑ Me permettre de revenir sur des moments forts de la série
- ❑ ....

POUR RÉPONDRE À CE QUESTIONNAIRE,
CONNECTEZ-VOUS **AVANT LE 15 JANVIER SUR**

www.mrcc.fr/pblv

Vos réponses sont confidentielles et seront traitées de façon agrégée.

Pour vous remercier,

15 LIVRES *LES APÉROS DÎNATOIRES* SERONT OFFERTS

par tirage au sort, pour continuer à plonger dans l'univers de votre série préférée.

LE NOUVEAU RENDEZ-VOUS TRIMESTRIEL POUR TOUS LES FANS

Plus belle la vie a enfin sa revue ! Découvrez les coulisses de votre série préférée à travers des dossiers inédits, des entretiens exclusifs avec les acteurs, des jeux et bien plus encore. Dans chaque numéro, plein de cadeaux à collectionner !

DANS LE PROCHAIN NUMÉRO*

à paraître le 19 février 2019

chez votre marchand de journaux et en librairie

DOSSIER

Plus belle la vie, une série qui se réinvente en permanence

COULISSES

Les petits secrets du bar du Mistral

RENCONTRE EXCLUSIVE

Une comédienne se livre sans détour

ET TOUJOURS...

La galaxie d'un personnage

Le retour sur une intrigue marquante

VOS CADEAUX

De nouvelles **fiches de personnages** à collectionner

Des **cartes postales**

Des **tirages** à afficher

Des **étiquettes**

* Sous réserve de modifications.

CRÉDITS PHOTOGRAPHIQUES

Couverture : Olivier Martino (photos acteurs), iStock by Getty Images / Xantana (photo leader).

p.1 : iStock by Getty Images / miakievy (motif); p. 2-3 : Olivier Martino (photo); p. 4-5 : Olivier Martino (photos), Marie ROUGE (photo Jonas Ben Ahmed et Enola Righi) iStock by Getty Images / miakievy (motif), iStock by Getty Images / MilanaAdams / Drawlab19 / ma_rish / anna42f / paulrommer / kyuree / painterr (illustrations), iStock by Getty Images /PJPhoto69 (photo Corniche du Président John Fitzgerald Kennedy); p. 6-7 : captures instagram @ pblvofficiel (photos) ; p. 8-13 : Olivier Martino (photos Anne Décis), Telfrance Série/France 3 (capture); p. 14-15 : iStock by Getty Images / kyuree / RLT_Images / Natasha_Pankina /invincible_bulldog / mocoo / kyuree / Drawlab19 / kostenkodesign (illustrations); p. 16-23 : Olivier Martino (photos), iStock by Getty Images / blackred (effet peinture), iStock by Getty Images / bombuscreative (affiche), iStock by Getty Images / StockPlanets(fond) ; p.24 : Olivier Martino (photo Thibaud Vaneck), François Lefebvre (photo Pauline Bression), Nathalie Guyon (photo Cécilia Hornus), François Lefebvre (photo Serge Dupire); p. 26-37 : Olivier Martino (photos Laurent Kérusoré et Joakim Latzko), Marie ROUGE ((photo Jonas Ben Ahmed et Enola Righi), Telfrance Série/France 3 (capture), Alain Guizard pour Aux Larmes citoyennes (photo Sara Mortensen); p.38-39 : Rue des Archives/Everett (affiche), Rue des Archives /AGIP (photo), iStock by Getty Images / kraphix (motif); p. 40-41 : Olivier Martino (photo), iStock by Getty Images / anna42f (motifs) ; p. 42-43: Olivier Martino (photo); p.44-45 : iStock by Getty Images / ma_rish (motifs); p. 46-47 : Olivier Martino (photo), iStock by Getty Images / MilanaAdams / veekicl / ElenaLux (motifs) ; p. 48 : Olivier Martino (photo), p.49 : Mary Evans Picture Library / Photononstop (affiche); p. 50-59 : iStock by Getty Images / paulrommer (motif), iStock by Getty Images / Xantana (photo ouverture), iStock by Getty Images / vichie81 (photo Mucem), iStock by Getty Images / vale_t (photo grande roue), iStock by Getty Images / CAHKT (photo parc Longchamp), iStock by Getty Images / Meinzahn (photo Panier), Nicolas Thibaut / Photononstop (photo bar des 13 coins), office de tourisme et des congrès de Marseille / Pascal Micalef (photo cathédrale de la Major), iStock by Getty Images / PirahaPhotos (photo Notre-Dame-de-la-Garde), iStock by Getty Images / Meinzahn (photo intérieur Notre-Dame-de-la-Garde), iStock by Getty Images / DonatellaTandelli (photo les docks), office de tourisme et des congrès de Marseille (photos cours Julien), iStock by Getty Images / PJPhoto69 (photo Corniche du Président-John-Fitzgerald-Kennedy), iStock by Getty Images / Meinzahn (photo vallon des Auffes), iStock by Getty Images / Illustrator (carte Marseille); p.60-65 : Olivier Martino (photos décors), iStock by Getty Images / kyuree (motifs); p.66-67 : iStock by Getty Images / miakievy (motif), captures instagram @ pblvofficiel (photos), Dégliespoti JC - Prestige Studio (photo); p.73 : Olivier Martino (photo); p. 74-77 : Olivier Martino (photo), Telfrance Série/France 3 (captures); p.78-85 : iStock by Getty Images / photokitchen (photo 13 desserts), iStock by Getty Images / Jfanchin (photo amandes), iStock by Getty Images / asab974 (photo mendiants), iStock by Getty Images / artisteer (photo chocolat), iStock by Getty Images / arapix (photo raisins secs), iStock by Getty Images / dionisvero (photo pistaches et amandes), iStock by Getty Images / InaTs (photo nougat), iStock by Getty Images / photohampster (photo fleur d'oranger), Poisson d'Avril/SoFood / Photononstop (photo pompe à l'huile), iStock by Getty Images / ziablik_n (photo fruits confits), iStock by Getty Images (photo melon seché), iStock by Getty Images / AnnaPustynnikova (photo calissons), iStock by Getty Images / PRUDENCIOALVAREZ (photo châtaignes), iStock by Getty Images / tunart (photo marrons glacés), textes : *Provence Secrets de Provençaux* / Pascale Huby / Prat Editions, *1001 secrets sur le chocolat* / Laurence Alemanno / Prat Editions, *1001 secrets de pâtissiers et confiseurs* / Denise Crolle-Terzaghi / Prat Editions, *Saveurs Provence* / Jean-Paul Frétillet / Editions Prisma; p.86-87 : iStock by Getty Images / miakievy (motif), iStock by Getty Images / painterr (signes); p. 88 : iStock by Getty Images / miakievy (motif); p. 90-91 : iStock by Getty Images / artdesigner88 (logo), iStock by Getty Images / miakievy (motif) iStock by Getty Images / sumkinn (magazine); p. 92 : iStock by Getty Images / miakievy (motif); p.94-95 : Olivier Martino (photo); p. 96 : iStock by Getty Images / miakievy (motif).

Goodies : fiches personnages : Olivier Martino (photo Thibaud Vaneck), François Lefebvre (photo Pauline Bression), Nathalie Guyon (photo Cécilia Hornus), François Lefebvre (photo Serge Dupire), cartes vœux : iStock by Getty Images / deniskolt / discan / Olga Dolgova (motifs) , calendrier : captures instagram @ pblvofficiel (photos), iStock by Getty Images / miakievy (motif), iStock by Getty Images / tarras79 (illustration Marseille), images à découper Marseille : iStock by Getty Images / DavidBukach (illustration entrée du Vieux-Port), iStock by Getty Images / duncan1890 (arc de Triomphe), iStock by Getty Images / ilbusca (parc Longchamp), iStock by Getty Images / ZU_09 (Vieux-Port), Mary Evans Picture Library / Photononstop (ascenseur Notre-Dame-de-la-Garde).

PLACE
DU MISTRAL

PLUSBELLELAVIE
La revue officielle
est éditée par le groupe

PM
PRISMA MEDIA

13, rue Henri Barbusse - 92624 Gennevilliers Cedex
Tél. : 01 73 05 45 45 - Fax : 01 47 92 65 85
Site internet : www.prismamedia.com - Contact : contact@editions-prisma.com
Société en nom collectif au capital de 3 000 000€, d'une durée de 99 ans, ayant pour gérant G+J Communication GmbH.
Ses principaux associés sont Media Communication SAS, G+J Communication GmbH.
Directeur de la publication Rolf Heinz
Pour joindre votre correspondant, composez le 01 73 05 suivi des chiffres entre parenthèses.

Une revue originale conçue et créée par les équipes de

Télé-Loisirs EDITIONS PRISMA

CONCEPTION ET DIRECTION ÉDITORIALE

Rédacteur en chef Thierry Masclot
Responsable éditoriale Emmanuelle Magne, avec Laurence Gallois
Directeur artistique Yann Valentin
Directeur Marketing & business développement Julian Marco

RECHERCHE ICONOGRAPHIQUE et RÉDACTION
Rédactrice en chef adjointe photo Valérie Quentin
Iconographe Nathalie Ducrot
Photographe Olivier Martino
Agences iStock by Getty Images, Photononstop
Rédaction *Marseille ville radieuse* : Celia Benisty, Marie-Amal Bizalion, France Bourboulon, Hélène Le Tac, Michèle Mira-Pons, Nina Montagné, Jean-François Paillard
Rédaction *Astrologie* : Jessica Coggio

Directeur Pierre-Olivier Bonfillon
Directrice éditoriale Françoise Kerlo
Responsable d'édition Valérie Langrognet
Chargée d'édition Emmanuelle de Villedary
Responsable de fabrication Stéphane Roussiès
Chef de fabrication Mélanie Moitié

MARKETING / COMMERCIALISATION

COMMUNICATION ET PARTENARIATS MARKETING
Directrice adjointe Paula Arqué
Chef de produit Fanny Lemoine (56 04)
Directrice Marketing Sandra Sebbah (56 02)

RELATIONS MEDIAS
Chef des relations médias Jacqueline Grego (56 37)

COMMERCIALISATION MARCHANDS DE JOURNAUX ET RAYONS PRESSE
Diffusion Presstalis
Directeur des ventes Bruno Recurt (56 76) **Secrétariat** (56 74)

COMMERCIALISATION LIBRAIRIE ET OFFRES COMMERCIALES PUBLICITAIRES
Diffusion Interforum
Directrice commerciale Isabelle Bruchet (56 11)
Responsable commerciale Julie Morette (46 92)
Chargée commerciale Sandrine Lenoir (50 35)

ABONNEMENT À *PLUS BELLE LA VIE*
Directeur marketing client Laurent Grolée (60 25)

0 826 963 964 Service 0,20 € / min + prix appel

Remerciements
Celles et ceux qui ont participé à ce premier numéro avec enthousiasme, entre autres par ordre alphabétique, Ludovic Baude, Sophie Bonnemain, Vincent Brion, Céline Cauvy, Sébastien Charbit, Christine Coutin, Anne Décis, Sylvie Deldon, Fatou Diallo, Serge Hayek, Marine Humbert, Johanna Johnson, Juliette Jude, Laurent Kérusoré, Jean-Marc Laurent, Joakim Latzko, Renaud Lhardy, Véronique Linarès, Ghislaine Lembert, Anne Luzy, Ophélie Maillet, Martine Mirepoix, Sara Mortensen, Franck Omer, Margo Percq, Chloé Poudevigne, Mélusine Laura Raynaud, Marie Réache, Bruno Recurt, Enola Righi, Didier Roussel, Ophélie Schlumberger, Anne Torrès, Emelyne Thurier, Victoria Vancells, Thibaud Vaneck.

TELFRANCE série france•3

D'après une idée originale d'Hubert Besson et des personnages créés par Georges Desmouceaux, Bénédicte Achard, Magaly Richard-Serrano et Olivier Szulzynger

Imprimé en Italie par d'Auria Printing - Via Zona Industriale, Sant'Egidio Alla Vibrata, Te 64016, Italie
Plus belle la vie n°1, novembre 2018. Parution trimestrielle.

ISSN : en cours. Dépôt légal : à parution
ISBN 978-2-8104-2587-7